EinFach Deutsch

Friedrich Schiller

Maria Stuart

Ein Trauerspiel

Erarbeitet und mit Anmerkungen
und Materialien versehen von
Gerhard Friedl

Herausgegeben von
Johannes Diekhans

Der Text folgt dem 9. Band der Nationalausgabe und damit der Erstausgabe, die 1801 mehr als zehn Monate nach der Uraufführung im Weimarer Hoftheater bei Cotta in Tübingen erschienen ist. Eine Handschrift liegt nicht vor. Rechtschreibung und Zeichensetzung wurden behutsam den zurzeit geltenden Regeln angepasst.

westermann GRUPPE

© 2002 Ferdinand Schöningh, Paderborn

© ab 2004 Bildungshaus Schulbuchverlage
Westermann Schroedel Diesterweg Schöningh Winklers GmbH, Braunschweig,
www.westermann.de

Das Werk und seine Teile sind urheberrechtlich geschützt.
Jede Nutzung in anderen als den gesetzlich zugelassenen Fällen bedarf der
vorherigen schriftlichen Einwilligung des Verlages.
Dies gilt auch für Intranets von Schulen und sonstigen Bildungseinrichtungen.
Für Verweise (Links) auf Internet-Adressen gilt folgender Haftungshinweis:
Trotz sorgfältiger inhaltlicher Kontrolle wird die Haftung für die Inhalte der
externen Seiten ausgeschlossen. Für den Inhalt dieser externen Seiten sind
ausschließlich deren Betreiber verantwortlich. Sollten Sie daher auf kostenpflichtige, illegale oder anstößige Inhalte treffen, so bedauern wir dies
ausdrücklich und bitten Sie, uns umgehend per E-Mail davon in Kenntnis
zu setzen, damit beim Nachdruck der Verweis gelöscht wird.

Druck A^{21} / Jahr 2019
Alle Drucke der Serie A sind im Unterricht parallel verwendbar.

Umschlaggestaltung: Jennifer Kirchhof
Druck und Bindung: Westermann Druck GmbH, Braunschweig

ISBN 978-3-14-**022372**-0

Friedrich Schiller: Maria Stuart

Text 5

Anhang 149

1. Friedrich Schiller 149
    Leben und Werk 150
    Schiller liest „Maria Stuart" in seiner Wohnung
    in Weimar vor 152

2. Geschichtlicher Hintergrund 156
    Die historische Maria Stuart 156
    Verwandtschaftsverhältnisse 164

**3. Faszination und Gegensätze der
Hauptpersonen** 166
    Stefan Zweig: Einleitung der Biografie
    „Maria Stuart" 167
    Stefan Zweig: Maria und Elisabeth als
    gegensätzliche Repräsentantinnen ihrer Zeit 169
    Theodor Fontane: Die beiden Königinnen als
    Gesprächsthema im „Stechlin" 173

4. Historische Stoffe im Drama 176
    Schillers Umgang mit den geschichtlichen Fakten . . . 176
    Ausschnitt aus der Poetik des Aristoteles 180
    Friedrich Schiller: Über die tragische Kunst
    (Ausschnitt) 181
    Friedrich Schiller: Über das Pathetische
    (Ausschnitt) 183

5. Das Freiheitsproblem.................... 184

Friedrich Schiller: Ankündigung der Rheinischen
Thalia, 1784 (Ausschnitt).................... 184

Friedrich Schiller: Über das Erhabene
(Ausschnitte) 185

6. Inszenierungen........................... 190

Ein Brief Schillers an den Schauspieler und
Theaterdirektor Iffland 190

Bilder einer Inszenierung von Peter Lüdi am
Theater Baden-Baden aus dem Jahre 2000........ 192

Zwei Rezensionen einer Inszenierung am
Wiener Burgtheater 2001...................... 193

7. Tipps und Techniken zur Interpretation einer Dramenszene 200

8. Rhetorische Figuren...................... 203

Personen

ELISABETH, Königin von England
MARIA STUART, Königin von Schottland, Gefangne in England
ROBERT DUDLEY, Graf von Leicester
GEORG TALBOT, Graf von Shrewsbury
WILHELM CECIL, Baron von Burleigh, Großschatzmeister
GRAF VON KENT
WILHELM DAVISON, Staatssekretär
AMIAS PAULET, Ritter, Hüter der Maria
MORTIMER, sein Neffe
GRAF AUBESPINE, französischer Gesandter
GRAF BELLIEVRE, außerordentlicher Botschafter von Frankreich
OKELLY, Mortimers Freund
DRUGEON DRURY, zweiter Hüter der Maria
MELVIL, ihr Haushofmeister
BURGOYN, ihr Arzt
HANNA KENNEDY, ihre Amme
MARGARETA KURL, ihre Kammerfrau
SHERIFF der Grafschaft
OFFIZIER DER LEIBWACHE
FRANZÖSISCHE UND ENGLISCHE HERREN
TRABANTEN
HOFDIENER der Königin von England
DIENER UND DIENERINNEN der Königin von Schottland

Erster Aufzug

Im Schloss zu Fotheringhay[1]. – Ein Zimmer.

Erster Auftritt

HANNA KENNEDY, *Amme[2] der Königin von Schottland, in heftigem Streit mit* PAULET, *der im Begriff ist, einen Schrank zu öffnen.* DRUGEON DRURY, *sein Gehilfe, mit Brecheisen.*

KENNEDY. Was macht Ihr, Sir? Welch neue Dreistigkeit! Zurück
von diesem Schrank!
PAULET. Wo kam der Schmuck her?
Vom obern Stock ward er herabgeworfen,
Der Gärtner hat bestochen werden sollen
5 Mit diesem Schmuck – Fluch über Weiberlist!
Trotz meiner Aufsicht, meinem scharfen Suchen,
Noch Kostbarkeiten, noch geheime Schätze!
(Sich über den Schrank machend.)
Wo das gesteckt hat, liegt noch mehr!
KENNEDY. Zurück, Verwegner!
Hier liegen die Geheimnisse der Lady[3].
PAULET. Die eben such ich. *(Schriften hervorziehend.)*
10 KENNEDY. Unbedeutende
Papiere, bloße Übungen der Feder,
Des Kerkers traur'ge Weile zu verkürzen.
PAULET. In müß'ger Weile schafft der böse Geist.
KENNEDY. Es sind französische Schriften.
PAULET. Desto schlimmer!
15 Die Sprache redet Englands Feind.
KENNEDY. Konzepte
Von Briefen an die Königin von England.
PAULET. Die überliefr' ich – Sieh! Was schimmert hier?

---

[1] Sitz der Adelsfamilie York in Northampton, wo Maria gefangen gehalten wird
[2] Pflegemutter, vgl. Hebamme
[3] Titel einer Angehörigen des englischen Hochadels

(Er hat einen geheimen Ressort[1] geöffnet, und zieht aus einem verborgnen Fach Geschmeide hervor.)
Ein königliches Stirnband, reich an Steinen,
Durchzogen mit den Lilien von Frankreich[2]!
(Er gibt es seinem Begleiter.)
20 Verwahrt's, Drury. Legt's zu dem Übrigen!
(Drury geht ab.)
KENNEDY. O schimpfliche Gewalt, die wir erleiden!
PAULET. Solang sie noch besitzt, kann sie noch schaden,
Denn alles wird Gewehr[3] in ihrer Hand.
KENNEDY.
Seid gütig, Sir. Nehmt nicht den letzten Schmuck
25 Aus unserm Leben weg! Die Jammervolle
Erfreut der Anblick alter Herrlichkeit,
Denn alles andre habt Ihr uns entrissen.
PAULET. Es liegt in guter Hand. Gewissenhaft
Wird es zu seiner Zeit zurückgegeben!
30 KENNEDY. Wer sieht es diesen kahlen Wänden an,
Dass eine Königin hier wohnt? Wo ist
Die Himmeldecke über ihrem Sitz?
Muss sie den zärtlich weichgewöhnten Fuß
Nicht auf gemeinen rauen Boden setzen?
35 Mit grobem Zinn[4], die schlechtste Edelfrau
Würd es verschmähn, bedient man ihre Tafel.
PAULET. So speiste sie zu Sterlyn[5] ihren Gatten,
Da sie aus Gold mit ihrem Buhlen[6] trank.
KENNEDY. Sogar des Spiegels kleine Notdurft mangelt.
40 PAULET. Solang sie noch ihr eitles Bild beschaut,
Hört sie nicht auf zu hoffen und zu wagen.
KENNEDY. An Büchern fehlt's, den Geist zu unterhalten.

---

[1] Metallfeder zum Abschließen eines Schrankfaches
[2] Wappenzeichen der französischen Könige
[3] Waffe
[4] Zinngeschirr
[5] Stirling Castle in Schottland. Weil ihr Mann Darnley bei der Taufe des gemeinsamen Sohnes Jakob nicht am Festmahl teilnahm, soll Maria sein silbernes Geschirr durch zinnernes ausgewechselt haben.
[6] Geliebter; vgl. Nebenbuhler

PAULET. Die Bibel ließ man ihr, das Herz zu bessern.
KENNEDY. Selbst ihre Laute ward ihr weggenommen.
45 PAULET. Weil sie verbuhlte[1] Lieder drauf gespielt.
KENNEDY. Ist das ein Schicksal für die Weicherzogne,
   Die in der Wiege Königin[2] schon war,
   Am üpp'gen Hof der Mediceerin[3]
   In jeder Freuden Fülle aufgewachsen.
50 Es sei genug, dass man die Macht ihr nahm,
   Muss man die armen Flitter[4] ihr missgönnen?
   In großes Unglück lehrt ein edles Herz
   Sich endlich finden, aber wehe tut's,
   Des Lebens kleine Zierden zu entbehren.
55 PAULET. Sie wenden nur das Herz dem Eiteln zu,
   Das in sich gehen und bereuen soll.
   Ein üppig lastervolles Leben büßt sich
   In Mangel und Erniedrigung allein.
KENNEDY. Wenn ihre zarte Jugend sich verging,
60 Mag sie's mit Gott abtun und ihrem Herzen,
   In England ist kein Richter über sie.
PAULET. Sie wird gerichtet, wo sie frevelte.
KENNEDY. Zum Freveln fesseln sie zu enge Bande.
PAULET. Doch wusste sie aus diesen engen Banden
65 Den Arm zu strecken in die Welt, die Fackel
   Des Bürgerkrieges in das Reich zu schleudern
   Und gegen unsre Königin, die Gott
   Erhalte! Meuchelrotten zu bewaffnen.
   Erregte sie aus diesen Mauern nicht
70 Den Böswicht Parry und den Babington[5]

---

[1] verliebte, werbende
[2] Der Vater der schottischen Thronfolgerin, König Jakob V., starb sechs Tage nach ihrer Geburt (vgl. S. 156 im Anhang, wo von fünf Tagen die Rede ist).
[3] Katharina von Medici, französische Königin und Mutter von Marias erstem Gemahl Franz II.; Mittelpunkt des glanzvollen und verschwenderischen Renaissance-Hofes in St. Germain bei Paris
[4] unbedeutendes, täuschendes Schmuckwerk
[5] Verschwörer im Umfeld von Marias Botschafter in Frankreich, um sie zu befreien und ihre Ansprüche auf die englische Krone durchzusetzen (vgl. S. 162f. im Anhang)

Zu der verfluchten Tat des Königsmords?
Hielt dieses Eisengitter sie zurück,
Das edle Herz des Norfolk[1] zu umstricken?
Für sie geopfert fiel das beste Haupt
75 Auf dieser Insel unterm Henkerbeil –
Und schreckte dieses jammervolle Beispiel
Die Rasenden zurück, die sich wetteifernd
Um ihrentwillen in den Abgrund stürzen?
Die Blutgerüste[2] füllen sich für sie
80 Mit immer neuen Todesopfern an,
Und das wird nimmer enden, bis sie selbst,
Die Schuldigste, darauf geopfert ist.
– O Fluch dem Tag, da dieses Landes Küste
Gastfreundlich diese Helena[3] empfing.
85 KENNEDY. Gastfreundlich hätte England sie empfangen?
Die Unglückselige, die seit dem Tag,
Da sie den Fuß gesetzt in dieses Land,
Als eine Hilfeflehende, Vertriebne
Bei der Verwandten Schutz zu suchen kam,
90 Sich wider Völkerrecht und Königswürde
Gefangen sieht, in enger Kerkerhaft
Der Jugend schöne Jahre muss vertrauern. –
Die jetzt, nachdem sie alles hat erfahren,
Was das Gefängnis Bittres hat, gemeinen
95 Verbrechern gleich, vor des Gerichtes Schranken
Gefodert[4] wird und schimpflich angeklagt
Auf Leib und Leben – eine Königin!
PAULET. Sie kam ins Land als eine Mörderin,
Verjagt von ihrem Volk, des Throns entsetzt,
100 Den sie mit schwerer Gräueltat geschändet.
Verschworen kam sie gegen Englands Glück,

---

[1] Thomas Howard, Herzog von Norfolk, protestantischer Anführer des katholisch orientierten englischen Nordostens; er will Maria heiraten und befreien, wird aber gefangen und hingerichtet (vgl. S. 161f. im Anhang).
[2] Hinrichtungsstätten
[3] Verkörperung des antiken weiblichen Schönheitsideals; ihre Entführung durch Paris führt zum Trojanischen Krieg.
[4] gefordert

Der spanischen Maria[1] blut'ge Zeiten
Zurückzubringen, Engelland katholisch
Zu machen, an den Franzmann[2] zu verraten.
105 Warum verschmähte sie's, den Edinburger
Vertrag[3] zu unterschreiben, ihren Anspruch
An England aufzugeben und den Weg
Aus diesem Kerker schnell sich aufzutun
Mit einem Federstrich? Sie wollte lieber
110 Gefangen bleiben, sich misshandelt sehn,
Als dieses Titels leerem Prunk entsagen.
Weswegen tat sie das? Weil sie den Ränken
Vertraut, den bösen Künsten der Verschwörung,
Und Unheil spinnend diese ganze Insel
115 Aus ihrem Kerker zu erobern hofft.
KENNEDY. Ihr spottet, Sir – Zur Härte fügt Ihr noch
Den bittern Hohn! Sie hegte solche Träume,
Die hier lebendig eingemauert lebt,
Zu der kein Schall des Trostes, keine Stimme
120 Der Freundschaft aus der lieben Heimat dringt,
Die längst kein Menschenangesicht mehr schaute,
Als ihrer Kerkermeister finstre Stirn,
Die erst seit kurzem einen neuen Wächter
Erhielt in Eurem rauen Anverwandten[4],
125 Von neuen Stäben sich umgittert sieht –
PAULET. Kein Eisengitter schützt vor ihrer List.
Weiß ich, ob diese Stäbe nicht durchfeilt,
Nicht dieses Zimmers Boden, diese Wände,
Von außen fest, nicht hohl von innen sind,
130 Und den Verrat einlassen, wenn ich schlafe?
Fluchvolles Amt, das mir geworden ist,
Die unheilbrütend Listige zu hüten.
Vom Schlummer jagt die Furcht mich auf, ich gehe

---

[1] Maria I. von England, Halbschwester Elisabeths und vor ihr Königin, ist mit Philipp II. von Spanien verheiratet und wird wegen ihrer gnadenlosen Verfolgung von Protestanten „bloody Mary" genannt (vgl. die Verwandtschaftsverhältnisse auf S. 164f. im Anhang).

[2] Franzose

[3] In ihm erkennt ein schottisch-protestantisches Adelsbündnis Elisabeth als englische Königin an (vgl. S. 158 im Anhang).

[4] Mortimer

Nachts um, wie ein gequälter Geist, erprobe
135 Des Schlosses Riegel und der Wächter Treu
Und sehe zitternd jeden Morgen kommen,
Der meine Furcht wahrmachen kann. Doch wohl mir!
Wohl! Es ist Hoffnung, dass es bald nun endet.
Denn lieber möcht ich der Verdammten Schar
140 Wach stehend an der Höllenpforte hüten
Als diese ränkevolle Königin.
KENNEDY. Da kommt sie selbst!
PAULET. Den Christus in der Hand,
Die Hoffart und die Weltlust in dem Herzen.

Zweiter Auftritt

MARIA *im Schleier, ein Kruzifix[1] in der Hand.*
DIE VORIGEN.

KENNEDY *(ihr entgegeneilend).*
O Königin! Man tritt uns ganz mit Füßen,
145 Der Tyrannei[2], der Härte wird kein Ziel,
Und jeder neue Tag häuft neue Leiden
Und Schmach auf dein gekröntes Haupt.
MARIA. Fass dich!
Sag an, was neu geschehen ist?
KENNEDY. Sieh her!
Dein Pult ist aufgebrochen, deine Schriften,
150 Dein einz'ger Schatz, den wir mit Müh gerettet,
Der letzte Rest von deinem Brautgeschmeide
Aus Frankreich ist in seiner Hand. Du hast nun
Nichts Königliches mehr, bist ganz beraubt.
MARIA. Beruhige dich, Hanna. Diese Flitter machen
155 Die Königin nicht aus. Man kann uns niedrig
Behandeln, nicht erniedrigen. Ich habe
In England mich an viel gewöhnen lernen,
Ich kann auch das verschmerzen. Sir, Ihr habt Euch
Gewaltsam zugeeignet, was ich Euch
160 Noch heut zu übergeben willens war.

---

[1] Christusfigur am Kreuz
[2] Gewaltherrschaft

>   Bei diesen Schriften findet sich ein Brief,
>   Bestimmt für meine königliche Schwester
>   Von England – Gebt mir Euer Wort, dass Ihr
>   Ihn redlich an sie selbst wollt übergeben,
> 165 Und nicht in Burleighs ungetreue Hand.
>
> PAULET. Ich werde mich bedenken, was zu tun ist.
>
> MARIA. Ihr sollt den Inhalt wissen, Sir. Ich bitte
>   In diesem Brief um eine große Gunst –
>   – Um eine Unterredung mit ihr selbst,
> 170 Die ich mit Augen nie gesehn – Man hat mich
>   Vor ein Gericht von Männern vorgefodert,
>   Die ich als meinesgleichen nicht erkennen,
>   Zu denen ich kein Herz mir fassen kann.
>   Elisabeth ist meines Stammes[1], meines
> 175 Geschlechts und Ranges – Ihr allein, der Schwester,
>   Der Königin, der Frau kann ich mich öffnen.
>
> PAULET. Sehr oft, Mylady, habt Ihr Euer Schicksal
>   Und Eure Ehre Männern anvertraut,
>   Die Eurer Achtung minder würdig waren.
>
> 180 MARIA. Ich bitte noch um eine zweite Gunst,
>   Unmenschlichkeit allein kann mir sie weigern.
>   Schon lange Zeit entbehr ich im Gefängnis
>   Der Kirche Trost[2], der Sakramente Wohltat,
>   Und die mir Kron' und Freiheit hat geraubt,
> 185 Die meinem Leben selber droht, wird mir
>   Die Himmelstüre nicht verschließen wollen.
>
> PAULET. Auf Euren Wunsch wird der Dechant[3] des Orts –
>
> MARIA *(unterbricht ihn lebhaft).*
>   Ich will nichts vom Dechanten. Einen Priester
>   Von meiner eignen Kirche fodre ich.
> 190 – Auch Schreiber und Notarien[4] verlang ich,

---

[1] Elisabeth ist die Tochter des englischen Königs Heinrich VIII., Maria Stuart die Enkelin seiner Schwester Margarete Tudor (vgl. die Verwandtschaftsverhältnisse auf S. 164f. im Anhang).

[2] der Beistand der katholischen Kirche in protestantischer Umgebung

[3] Dekan als Leiter eines Kirchenbezirks

[4] vom Staat bestellte Personen, deren Urkunden öffentlichen Glauben genießen

Um meinen letzten Willen aufzusetzen[1].
Der Gram, das lange Kerkerelend nagt
An meinem Leben. Meine Tage sind
Gezählt, befürcht ich, und ich achte mich
Gleich einer Sterbenden.
195 PAULET.   Da tut Ihr wohl,
    Das sind Betrachtungen, die Euch geziemen.
  MARIA. Und weiß ich, ob nicht eine schnelle Hand
    Des Kummers langsames Geschäft beschleunigt?
    Ich will mein Testament aufsetzen, will
200   Verfügung treffen über das, was mein ist.
  PAULET. Die Freiheit habt Ihr. Englands Königin
    Will sich mit Eurem Raube nicht bereichern.
  MARIA. Man hat von meinen treuen Kammerfrauen,
    Von meinen Dienern mich getrennt – Wo sind sie?
205   Was ist ihr Schicksal? Ihrer Dienste kann ich
    Entraten[2], doch beruhigt will ich sein,
    Dass die Getreun nicht leiden und entbehren.
  PAULET. Für Eure Diener ist gesorgt. *(Er will gehen.)*
  MARIA. Ihr geht, Sir? Ihr verlasst mich abermals,
210   Und ohne mein geängstigt fürchtend Herz
    Der Qual der Ungewissheit zu entladen.
    Ich bin, dank Eurer Späher Wachsamkeit,
    Von aller Welt geschieden, keine Kunde
    Gelangt zu mir durch diese Kerkermauern,
215   Mein Schicksal liegt in meiner Feinde Hand.
    Ein peinlich langer Monat ist vorüber,
    Seitdem die vierzig Kommissarien[3]
    In diesem Schloss mich überfallen, Schranken
    Errichtet, schnell, mit unanständiger Eile,
220   Mich unbereitet, ohne Anwalts Hülfe,
    Vor ein noch nie erhört Gericht gestellt,
    Auf schlau gefasste schwere Klagepunkte
    Mich, die Betäubte, Überraschte, flugs
    Aus dem Gedächtnis Rede stehen lassen –

---

[1] um mein Testament zu verfassen
[2] auf ihre Dienste kann ich verzichten
[3] auf Initiative Elisabeths vom englischen Parlament eingesetztes Gericht (vgl. auch V. 759f.); an anderen Stellen ist von 42 Mitgliedern die Rede (vgl. V. 578, 694, 697, 846 und die Abbildung auf S. 160).

Wie Geister kamen sie und schwanden wieder. ₂₂₅
Seit diesem Tage schweigt mir jeder Mund,
Ich such umsonst in Eurem Blick zu lesen,
Ob meine Unschuld, meiner Freunde Eifer,
Ob meiner Feinde böser Rat gesiegt.
Brecht endlich Euer Schweigen – lasst mich wissen, ₂₃₀
Was ich zu fürchten, was zu hoffen habe.

PAULET *(nach einer Pause).*
    Schließt Eure Rechnung mit dem Himmel ab.
MARIA. Ich hoff auf seine Gnade, Sir – und hoffe
    Auf strenges Recht von meinen ird'schen Richtern.
PAULET. Recht soll Euch werden. Zweifelt nicht daran.
MARIA. Ist mein Prozess entschieden, Sir?
PAULET.   Ich weiß nicht.
MARIA. Bin ich verurteilt?
PAULET.   Ich weiß nichts, Mylady.
MARIA. Man liebt hier rasch zu Werk zu gehn. Soll mich
    Der Mörder überfallen wie die Richter?
PAULET. Denkt immerhin, es sei so, und er wird Euch
    In bessrer Fassung dann als diese finden.
MARIA. Nichts soll mich in Erstaunen setzen, Sir,
    Was ein Gerichtshof in Westminsterhall[1],
    Den Burleighs Hass und Hattons[2] Eifer lenkt,
    Zu urteln[3] sich erdreiste – Weiß ich doch,
    Was Englands Königin wagen darf zu tun.
PAULET.
    Englands Beherrscher brauchen nichts zu scheuen
    Als ihr Gewissen und ihr Parlament.
    Was die Gerechtigkeit gesprochen, furchtlos,
    Vor aller Welt wird es die Macht vollziehn.

---

[1] Tagungsort des englischen Parlaments und der obersten Gerichte; in Westminster Palace residierten die englischen Könige und Königinnen (vgl. die Szenenanweisung am Anfang des 2. Aufzugs).
[2] Sir Christopher Hatton, Vorsitzender des Gerichts
[3] urteilen

Dritter Auftritt

DIE VORIGEN. MORTIMER, *Paulets Neffe, tritt herein und, ohne der Königin einige Aufmerksamkeit zu bezeugen, zu Paulet.*

MORTIMER. Man sucht Euch, Oheim[1].
(Er entfernt sich auf eben die Weise. Die Königin bemerkt es mit Unwillen und wendet sich zu Paulet, der ihm folgen will.)

MARIA.   Sir, noch eine Bitte.
    Wenn I h r mir was zu sagen habt – von Euch
    Ertrag ich viel, ich ehre Euer Alter.
    Den Übermut des Jünglings trag ich nicht,
255   Spart mir den Anblick seiner rohen Sitten.
PAULET. Was ihn Euch widrig macht, macht mir ihn wert.
    Wohl ist es keiner von den weichen Toren[2],
    Die eine falsche Weiberträne schmelzt –
    Er ist gereist, kommt aus Paris und Reims,
260   Und bringt sein treu altenglisch Herz zurück,
    Lady, an dem ist Eure Kunst verloren! *(Geht ab.)*

Vierter Auftritt

MARIA. KENNEDY.

KENNEDY. Darf Euch der Rohe das ins Antlitz sagen!
    O es ist hart!
MARIA *(in Nachdenken verloren)*.
    Wir haben in den Tagen unsers Glanzes
265   Dem Schmeichler ein zu willig Ohr geliehn,
    Gerecht ist's, gute Kennedy, dass wir
    Des Vorwurfs ernste Stimme nun vernehmen.
KENNEDY. Wie? So gebeugt, so mutlos, teure Lady?
    Wart Ihr doch sonst so froh, Ihr pflegtet mich zu trösten,

---

[1] Onkel
[2] dumme, alberne Menschen

>270 Und eher musst ich Euren Flattersinn
> Als Eure Schwermut schelten.

MARIA. Ich erkenn ihn.
> Es ist der blut'ge Schatten König Darnleys[1],
> Der zürnend aus dem Gruftgewölbe steigt,
> Und er wird nimmer Friede mit mir machen[2],
>275 Bis meines Unglücks Maß erfüllet ist.

KENNEDY. Was für Gedanken –

MARIA. Du vergissest, Hanna –
> Ich aber habe ein getreu Gedächtnis –
> Der Jahrstag dieser unglückseligen Tat[3]
> Ist heute abermals zurückgekehrt,
>280 Er ist's, den ich mit Buß und Fasten feire.

KENNEDY. Schickt endlich diesen bösen Geist zur Ruh.
> Ihr habt die Tat mit jahrelanger Reu,
> Mit schweren Leidensproben abgebüßt.
> Die Kirche, die den Löseschlüssel hat
>285 Für jede Schuld, der Himmel hat vergeben.

MARIA. Frisch blutend steigt die längst vergebne Schuld
> Aus ihrem leicht bedeckten Grab empor!
> Des Gatten Rache forderndes Gespenst
> Schickt keines Messedieners Glocke, kein
>290 Hochwürdiges in Priesters Hand zur Gruft.

KENNEDY. Nicht Ihr habt ihn gemordet! Andre taten's!

MARIA. Ich wusste drum. Ich ließ die Tat geschehn
> Und lockt ihn schmeichelnd in das Todesnetz.

KENNEDY. Die Jugend mildert Eure Schuld. Ihr wart
> So zarten Alters noch.

>295 MARIA. So zart, und lud
> Die schwere Schuld auf mein so junges Leben.

---

[1] Heinrich Stuart, Lord Darnley, Marias zweiter Mann, der ermordet wird (vgl. S. 158f. im Anhang)

[2] Maria bekennt sich im weiteren Verlauf zu ihrer Mitschuld am Tod Darnleys, die historisch jedoch zweifelhaft bleibt (vgl. S. 159 im Anhang).

[3] 10. Februar (vgl. S. 159 im Anhang); Maria Stuart wurde am 8. Februar 1587 hingerichtet – Schiller verlegt das Datum also um einige Tage.

KENNEDY. Ihr wart durch blutige Beleidigung[1]
Gereizt und durch des Mannes Übermut,
Den Eure Liebe aus der Dunkelheit
Wie eine Götterhand hervorgezogen,
Den Ihr durch Euer Brautgemach zum Throne
Geführt, mit Eurer blühenden Person
Beglückt und Eurer angestammten Krone.
Konnt er vergessen, dass sein prangend Los
Der Liebe großmutsvolle Schöpfung war?
Und doch vergaß er's, der Unwürdige!
Beleidigte mit niedrigem Verdacht,
Mit rohen Sitten Eure Zärtlichkeit,
Und widerwärtig wurd er Euren Augen.
Der Zauber schwand, der Euren Blick getäuscht,
Ihr floht erzürnt des Schändlichen Umarmung
Und gabt ihn der Verachtung preis – Und er –
Versucht' er's, Eure Gunst zurückzurufen?
Bat er um Gnade? Warf er sich bereuend
Zu Euren Füßen, Besserung versprechend?
Trotz bot Euch der Abscheuliche – der Euer
Geschöpf war, Euren König wollt er spielen,
Vor Euren Augen ließ er Euch den Liebling[2],
Den schönen Sänger Rizzio durchbohren[3] –
Ihr rächtet blutig nur die blut'ge Tat.
MARIA. Und blutig wird sie auch an mir sich rächen,
Du sprichst mein Urteil aus, da du mich tröstest.
KENNEDY. Da Ihr die Tat geschehn ließt, wart Ihr nicht
Ihr selbst, gehöret Euch nicht selbst. Ergriffen
Hatt Euch der Wahnsinn blinder Liebesglut,
Euch unterjocht dem furchtbaren Verführer,
Dem unglücksel'gen Bothwell[4] – Über Euch

---

[1] vgl. V. 318–320
[2] Einige Quellen behaupten vermutlich zu Unrecht eine Liebesbeziehung zwischen Maria und ihrem in Wirklichkeit unschönen Geheimschreiber und Vertrauten Rizzio (vgl. S. 159 im Anhang).
[3] Die Mörder handelten im Einvernehmen mit Darnley.
[4] Maria heiratet den des Mordes an Darnley verdächtigten James Hepburn, Graf von Bothwell, bereits ein Vierteljahr nach der Tat (vgl. S. 159 im Anhang).

1. Aufzug, 4. Auftritt

> Mit übermüt'gem Männerwillen herrschte
> Der Schreckliche, der Euch durch Zaubertränke,
> 330 Durch Höllenkünste das Gemüt verwirrend
> Erhitzte –

MARIA. Seine Künste waren keine andre
> Als seine Männerkraft und meine Schwachheit.

KENNEDY. Nein, sag ich. Alle Geister der Verdammnis
> Musst er zu Hülfe rufen, der dies Band
> 335 Um Eure hellen Sinne wob. Ihr hattet
> Kein Ohr mehr für der Freundin Warnungsstimme,
> Kein Aug für das, was wohlanständig war.
> Verlassen hatte Euch die zarte Scheu
> Der Menschen, Eure Wangen, sonst der Sitz
> 340 Schamhaft errötender Bescheidenheit,
> Sie glühten nur vom Feuer des Verlangens.
> Ihr warft den Schleier des Geheimnisses
> Von Euch, des Mannes keckes Laster hatte
> Auch Eure Blödigkeit[1] besiegt, Ihr stelltet
> 345 Mit dreister Stirne Eure Schmach zur Schau.
> Ihr ließt das königliche Schwert von Schottland
> Durch ihn, den Mörder, dem des Volkes Flüche
> Nachschallten, durch die Gassen Edinburgs[2],
> Vor Euch hertragen im Triumph, umringtet
> 350 Mit Waffen Euer Parlament, und hier,
> Im eignen Tempel der Gerechtigkeit,
> Zwangt Ihr mit frechem Possenspiel die Richter,
> Den Schuldigen des Mordes loszusprechen –
> Ihr gingt noch weiter – Gott!

MARIA. Vollende nur!
> 355 Und reicht' ihm meine Hand vor dem Altare!

KENNEDY. O lasst ein ewig Schweigen diese Tat
> Bedecken! Sie ist schauderhaft, empörend,
> Ist einer ganz Verlornen wert – Doch Ihr seid keine
> Verlorne – ich kenn Euch ja, ich bin's,
> 360 Die Eure Kindheit auferzogen[3]. Weich
> Ist Euer Herz gebildet, offen ist's

---

[1] Schwäche, Schüchternheit
[2] Hauptstadt Schottlands
[3] die Euch als Kind versorgt und erzogen hat

Der Scham – der Leichtsinn nur ist Euer Laster.
Ich wiederhol es, es gibt böse Geister,
Die in des Menschen unverwahrter[1] Brust
Sich augenblicklich ihren Wohnplatz nehmen,
Die schnell in uns das Schreckliche begehn
Und zu der Höll entfliehend das Entsetzen
In dem befleckten Busen[2] hinterlassen.
Seit dieser Tat, die Euer Leben schwärzt,
Habt Ihr nichts Lasterhaftes mehr begangen,
Ich bin ein Zeuge Eurer Besserung.
Drum fasset Mut! Macht Friede mit Euch selbst!
Was Ihr auch zu bereuen habt, in England
Seid Ihr nicht schuldig, nicht Elisabeth,
Nicht Englands Parlament ist Euer Richter.
Macht ist's, die Euch hier unterdrückt, vor diesen
Anmaßlichen Gerichtshof dürft Ihr Euch
Hinstellen mit dem ganzen Mut der Unschuld.
MARIA. Wer kommt?
(Mortimer zeigt sich an der Türe.)
KENNEDY. Es ist der Neffe. Geht hinein.

Fünfter Auftritt

DIE VORIGEN. MORTIMER *scheu hereintretend.*

MORTIMER *(zur Amme).*
Entfernt Euch, haltet Wache vor der Tür,
Ich habe mit der Königin zu reden.
MARIA *(mit Ansehn).* Hanna, du bleibst.
MORTIMER.
Habt keine Furcht, Mylady. Lernt mich kennen.
(Er überreicht ihr eine Karte.)
MARIA *(sieht sie an und fährt bestürzt zurück).*
Ha! Was ist das?
MORTIMER *(zur Amme).* Geht, Dame Kennedy.
Sorgt, dass mein Oheim uns nicht überfalle!

---

[1] ungeschützter
[2] Herz als Organ des Fühlens und Empfindens

MARIA *(zur Amme, welche zaudert und die Königin fragend ansieht).*
Geh! Geh! Tu, was er sagt.
(Die Amme entfernt sich mit Zeichen der Verwunderung.)

Sechster Auftritt

MORTIMER. MARIA.

MARIA. Von meinem Oheim!
Dem Kardinal von Lothringen[1] aus Frankreich!
(Liest.)
„Traut dem Sir Mortimer, der Euch dies bringt,
Denn keinen treuern Freund habt Ihr in England."
(Mortimern mit Erstaunen ansehend.)
Ist's möglich? Ist's kein Blendwerk, das mich täuscht?
So nahe find ich einen Freund und wähnte mich
Verlassen schon von aller Welt – find ihn
In Euch, dem Neffen meines Kerkermeisters,
In dem ich meinen schlimmsten Feind –
MORTIMER *(sich ihr zu Füßen werfend).* Verzeihung
Für diese verhasste Larve[2], Königin,
Die mir zu tragen Kampf genug gekostet,
Doch der ich's danke, dass ich mich Euch nahen,
Euch Hülfe und Errettung bringen kann.
MARIA. Steht auf – Ihr überrascht mich, Sir – Ich kann
So schnell nicht aus der Tiefe meines Elends
Zur Hoffnung übergehen – Redet, Sir –
Macht mir dies Glück begreiflich, dass ich's glaube.
MORTIMER *(steht auf).*
Die Zeit verrinnt. Bald wird mein Oheim hier sein,
Und ein verhasster Mensch begleitet ihn.
Eh Euch ihr Schreckensauftrag überrascht,
Hört an, wie Euch der Himmel Rettung schickt.

---

[1] Herzog Karl von Guise, Erzbischof von Reims und Bruder von Marias Mutter Marie von Guise (vgl. die Verwandtschaftsverhältnisse auf S. 164f. im Anhang)
[2] Maske

MARIA. Er schickt sie durch ein Wunder seiner Allmacht!
MORTIMER. Erlaubt, dass ich von mir beginne.
MARIA. Redet, Sir!
MORTIMER. Ich zählte zwanzig Jahre, Königin,
410 In strengen Pflichten war ich aufgewachsen,
In finsterm Hass des Papsttums aufgesäugt[1],
Als mich die unbezwingliche Begierde
Hinaustrieb auf das feste Land[2]. Ich ließ
Der Puritaner[3] dumpfe Predigtstuben,
415 Die Heimat hinter mir, in schnellem Lauf
Durchzog ich Frankreich, das gepriesene
Italien mit heißem Wunsche suchend.
    Es war die Zeit des großen Kirchenfests,
Von Pilgerscharen wimmelten die Wege,
420 Bekränzt war jedes Gottesbild, es war,
Als ob die Menschheit auf der Wandrung wäre,
Wallfahrend nach dem Himmelreich – Mich selbst
Ergriff der Strom der glaubenvollen Menge,
Und riss mich in das Weichbild[4] Roms –
425   Wie ward mir, Königin!
Als mir der Säulen Pracht und Siegesbogen[5]
Entgegenstieg, des Kolosseums[6] Herrlichkeit
Den Staunenden umfing, ein hoher Bildnergeist
In seine heitre Wunderwelt mich schloss!
430 Ich hatte nie der Künste Macht gefühlt,
Es hasst die Kirche, die mich auferzog,
Der Sinne Reiz, kein Abbild duldet sie,
Allein das körperlose Wort verehrend.
Wie wurde mir, als ich ins Innre nun
435 Der Kirchen trat und die Musik der Himmel
Heruntersteig und der Gestalten Fülle
Verschwenderisch aus Wand und Decke quoll,

---

[1] Der Hass auf den Katholizismus wurde ihm anerzogen.
[2] das europäische Festland
[3] strenge Calvinisten, Anhänger des Genfer Reformators Johannes Calvin
[4] Randbezirke
[5] Säulen und Triumphbögen, etwa zu Ehren der Kaiser Titus und Konstantin, aus dem antiken Rom
[6] antikes Amphitheater in Rom

Das Herrlichste und Höchste, gegenwärtig,
Vor den entzückten Sinnen sich bewegte,
Als ich sie selbst nun sah, die Göttlichen,
Den Gruß des Engels, die Geburt des Herrn,
Die heil'ge Mutter, die herabgestieg'ne
Dreifaltigkeit, die leuchtende Verklärung –
Als ich den Papst drauf sah in seiner Pracht
Das Hochamt halten und die Völker segnen.
O was ist Goldes, was Juwelen Schein,
Womit der Erde Könige sich schmücken!
Nur Er ist mit dem Göttlichen umgeben.
Ein wahrhaft Reich der Himmel ist sein Haus,
Denn nicht von dieser Welt sind diese Formen.
MARIA. O schonet mein! Nicht weiter. Höret auf,
Den frischen Lebensteppich vor mir aus-
Zubreiten – Ich bin elend und gefangen.
MORTIMER. Auch i ch war's, Königin! Und mein Gefängnis
Sprang auf und frei auf einmal fühlte sich
Der Geist, des Lebens schönen Tag begrüßend.
Hass schwur ich nun dem engen dumpfen Buch,
Mit frischem Kranz die Schläfe mir zu schmücken,
Mich fröhlich an die Fröhlichen zu schließen.
Viel edle Schotten drängten sich an mich
Und der Franzosen muntre Landsmannschaften.
Sie brachten mich zu Eurem edeln Oheim,
Dem Kardinal von Guise – Welch ein Mann!
Wie sicher, klar und männlich groß! – Wie ganz
Geboren, um die Geister zu regieren!
Das Muster eines königlichen Priesters,
Ein Fürst der Kirche, wie ich keinen sah!
MARIA. Ihr habt sein teures Angesicht gesehn,
Des vielgeliebten, des erhabnen Mannes,
Der meiner zarten Jugend Führer war.
O redet mir von ihm. Denkt er noch mein?
Liebt ihn das Glück, blüht ihm das Leben noch,
Steht er noch herrlich da, ein Fels der Kirche?
MORTIMER. Der Treffliche ließ selber sich herab,
Die hohen Glaubenslehren mir zu deuten
Und meines Herzens Zweifel zu zerstreun.
Er zeigte mir, dass grübelnde Vernunft

Den Menschen ewig in der Irre leitet[1],
Dass seine Augen sehen müssen, was
Das Herz soll glauben, dass ein sichtbar Haupt
Der Kirche nottut, dass der Geist der Wahrheit
Geruht hat auf den Sitzungen der Väter[2].
Die Wahnbegriffe meiner kind'schen Seele,
Wie schwanden sie vor seinem siegenden
Verstand und vor der Suada[3] seines Mundes!
Ich kehrte in der Kirche[4] Schoß zurück,
Schwur meinen Irrtum ab in seine Hände.
MARIA. So seid Ihr einer jener Tausende,
Die er mit seiner Rede Himmelskraft
Wie der erhabne Prediger des Berges[5]
Ergriffen und zum ew'gen Heil geführt!
MORTIMER. Als ihn des Amtes Pflichten bald darauf
Nach Frankreich riefen, sandt er mich nach Reims,
Wo die Gesellschaft Jesu, fromm geschäftig,
Für Englands Kirche[6] Priester auferzieht.
Den edeln Schotten Morgan fand ich hier,
Auch Euren treuen Leßley[7], den gelehrten
Bischof von Roße, die auf Frankreichs Boden
Freudlose Tage der Verbannung leben –
Eng schloss ich mich an diese Würdigen
Und stärkte mich im Glauben – Eines Tags,
Als ich mich umsah in des Bischofs Wohnung,
Fiel mir ein weiblich Bildnis in die Augen,
Von rührend wundersamem Reiz, gewaltig
Ergriff es mich in meiner tiefsten Seele,
Und des Gefühls nicht mächtig stand ich da.

---

[1] in die Irre führt
[2] Versammlungen und Konzile zur Klärung von strittigen Glaubensfragen
[3] Beredsamkeit
[4] der katholischen
[5] Anspielung auf die Bergpredigt Jesu in Matthäus 5–7; vgl. auch Lukas 6, V. 17–49
[6] Sie sollte in einer Gegenreformation für die katholische Kirche zurückgewonnen werden.
[7] Sie unterstützten Maria aus der Emigration (vgl. S. 162f. im Anhang).

>   Da sagte mir der Bischof: Wohl mit Recht
>   Mögt Ihr gerührt bei diesem Bilde weilen.
>   Die schönste aller Frauen, welche leben,
> 510   Ist auch die jammernswürdigste von allen,
>   Um unsers Glaubens willen duldet sie,
>   Und Euer Vaterland ist's, wo sie leidet.
>   MARIA. Der Redliche! Nein, ich verlor nicht alles,
>   Da solcher Freund im Unglück mir geblieben.
> 515 MORTIMER. Drauf fing er an, mit herzerschütternder
>   Beredsamkeit mir Euer Märtyrtum
>   Und Eurer Feinde Blutgier abzuschildern.
>   Auch Euern Stammbaum[1] wies er mir, er zeigte
>   Mir Eure Abkunft von dem hohen Hause
> 520   Der Tudor[2], überzeugte mich, dass Euch
>   Allein gebührt, in Engelland zu herrschen,
>   Nicht dieser Afterkönigin[3], gezeugt
>   In ehebrecherischem Bett[4], die Heinrich,
>   Ihr Vater, selbst verwarf als Bastardtochter[5].
> 525   Nicht seinem einz'gen Zeugnis wollt ich traun,
>   Ich holte Rat bei allen Rechtsgelehrten,
>   Viel alte Wappenbücher schlug ich nach,
>   Und alle Kundige, die ich befragte,
>   Bestätigten mir Eures Anspruchs Kraft.
> 530   Ich weiß nunmehr, dass Euer gutes Recht
>   An England Euer ganzes Unrecht ist,
>   Dass Euch dies Reich als Eigentum gehört,
>   Worin Ihr schuldlos als Gefangne schmachtet.
>   MARIA. O dieses unglücksvolle Recht! Es ist
> 535   Die einz'ge Quelle aller meiner Leiden.
>   MORTIMER. Um diese Zeit kam mir die Kunde zu,
>   Dass Ihr aus Talbots Schloss hinweggeführt
>   Und meinem Oheim übergeben worden –

---

[1] vgl. S. 164f. im Anhang
[2] vgl. Anm. 1 auf S. 12
[3] Königin ohne Recht auf den Thron
[4] Die zweite Ehe von Heinrich VIII. mit Elisabeths Mutter, Anne Boleyn, wurde von der katholischen Kirche nicht anerkannt. Deshalb rief er eine eigene aus, die anglikanische.
[5] uneheliche Tochter

Des Himmels wundervolle Rettungshand
Glaubt ich in dieser Fügung zu erkennen,
Ein lauter Ruf des Schicksals war sie mir,
Das m e i n e n Arm gewählt, Euch zu befreien.
Die Freunde stimmen freudig bei, es gibt
Der Kardinal mir seinen Rat und Segen
Und lehrt mich der Verstellung schwere Kunst.
Schnell ward der Plan entworfen, und ich trete
Den Rückweg an ins Vaterland, wo ich,
Ihr wisst's, vor zehen Tagen bin gelandet.
(Er hält inne.)
Ich sah Euch, Königin – Euch selbst!
Nicht Euer Bild! – O welchen Schatz bewahrt
Dies Schloss! Kein Kerker! Eine Götterhalle,
Glanzvoller als der königliche Hof
Von England – O des Glücklichen, dem es
Vergönnt ist, eine Luft mit Euch zu atmen!
Wohl hat sie Recht, die Euch so tief verbirgt!
Aufstehen würde Englands ganze Jugend,
Kein Schwert in seiner Scheide müßig bleiben,
Und die Empörung mit gigantischem Haupt
Durch diese Friedensinsel schreiten, sähe
Der Brite seine Königin!
MARIA.   Wohl ihr!
Säh jeder Brite sie mit Euren Augen!
MORTIMER. Wär er, wie ich, ein Zeuge Eurer Leiden,
Der Sanftmut Zeuge und der edlen Fassung,
Womit Ihr das Unwürdige erduldet.
Denn geht Ihr nicht aus allen Leidensproben
Als eine Königin hervor? Raubt Euch
Des Kerkers Schmach von Eurem Schönheitsglanze?
Euch mangelt alles, was das Leben schmückt,
Und doch umfließt Euch ewig Licht und Leben.
Nie setz ich meinen Fuß auf diese Schwelle,
Dass nicht mein Herz zerrissen wird von Qualen,
Nicht von der Lust entzückt, Euch anzuschauen! –
Doch furchtbar naht sich die Entscheidung, wachsend
Mit jeder Stunde dringet die Gefahr,
Ich darf nicht länger säumen – Euch nicht länger
Das Schreckliche verbergen –

MARIA.   Ist mein Urteil
    Gefällt? Entdeckt mir's frei. Ich kann es hören.
MORTIMER.
    Es ist gefällt. Die zweiundvierzig Richter haben
    Ihr S c h u l d i g ausgesprochen über Euch. Das Haus
580 Der Lords und der Gemeinen[1], die Stadt London
    Bestehen heftig dringend auf des Urteils
    Vollstreckung, nur die Königin säumt noch,
    – Aus arger List, dass man sie nötige,
    Nicht aus Gefühl der Menschlichkeit und Schonung.
MARIA *(mit Fassung)*.
585 Sir Mortimer, Ihr überrascht mich nicht,
    Erschreckt mich nicht. Auf solche Botschaft war ich
    Schon längst gefasst. Ich kenne meine Richter.
    Nach den Misshandlungen, die ich erlitten,
    Begreif ich wohl, dass man die Freiheit mir
590 Nicht schenken kann – Ich weiß, wo man hinauswill.
    In ew'gem Kerker will man mich bewahren
    Und meine Rache, meinen Rechtsanspruch
    Mit mir verscharren in Gefängnisnacht.
MORTIMER. Nein, Königin – o nein! Nein! Dabei steht man
595 Nicht still. Die Tyrannei begnügt sich nicht,
    Ihr Werk nur halb zu tun. Solang Ihr lebt,
    Lebt auch die Furcht der Königin von England.
    Euch kann kein Kerker tief genug begraben,
    Nur Euer Tod versichert ihren Thron.
600 MARIA. Sie könnt es wagen, mein gekröntes Haupt
    Schmachvoll auf einen Henkerblock zu legen?
MORTIMER. Sie wird es wagen. Zweifelt nicht daran.
MARIA. Sie könnte s o die eigne Majestät
    Und aller Könige im Staube wälzen?
605 Und fürchtet sie die Rache Frankreichs nicht?
MORTIMER.
    Sie schließt mit Frankreich einen ew'gen Frieden,
    Dem Duc von Anjou[2] schenkt sie Thron und Hand.

---

[1] Ober- und Unterhaus
[2] Herzog Franz von Anjou, der jüngste Bruder des französischen Königs Heinrich III., der vor seiner Thronbesteigung als Herzog von Anjou ebenfalls um Elisabeth geworben hatte (vgl. die Verwandtschaftsverhältnisse auf S. 164f. im Anhang)

MARIA. Wird sich der König Spaniens[1] nicht waffnen?
MORTIMER. Nicht eine Welt in Waffen fürchtet sie,
610 Solang sie Frieden hat mit ihrem Volke.
MARIA. Den Briten wollte sie dies Schauspiel geben?
MORTIMER. Dies Land, Mylady, hat in letzten Zeiten
Der königlichen Frauen m e h r vom Thron
Herab aufs Blutgerüste steigen sehn.
615 Die eigne Mutter der Elisabeth[2]
Ging diesen Weg, und Katharina Howard[3],
Auch Lady Gray[4] war ein gekröntes Haupt.
MARIA *(nach einer Pause)*.
Nein, Mortimer! Euch blendet eitle Furcht.
Es ist die Sorge Eures treuen Herzens,
620 Die Euch vergebne Schrecknisse erschafft.
Nicht das Schafott ist's, das ich fürchte, Sir.
Es gibt noch andre Mittel, stillere,
Wodurch sich die Beherrscherin von England
Vor meinem Anspruch Ruhe schaffen kann.
625 Eh sich ein Henker für mich findet, wird
Noch eher sich ein Mörder dingen[5] lassen.
– D a s ist's, wovor ich zittre, Sir! Und nie
Setz ich des Bechers Rand an meine Lippen,
Dass nicht ein Schauder mich ergreift, er könnte
630 Kredenzt[6] sein von der Liebe meiner Schwester.
MORTIMER. Nicht offenbar noch heimlich soll's dem Mord
Gelingen, Euer Leben anzutasten.
Seid ohne Furcht! Bereitet ist schon alles,
Zwölf edle Jünglinge des Landes sind
635 In meinem Bündnis, haben heute früh
Das Sakrament darauf empfangen, Euch
Mit starkem Arm aus diesem Schloss zu führen.
Graf Aubespine, der Abgesandte[7] Frankreichs,

---

[1] Philipp II., Sohn Karls V.
[2] Anne Boleyn, der Heinrich VIII. Ehebruch vorwarf
[3] die fünfte der sechs Frauen Heinrichs VIII. aus demselben Grund
[4] Enkelin der Schwester Heinrichs VIII.
[5] verpflichten
[6] angeboten
[7] Botschafter

Weiß um den Bund, er bietet selbst die Hände,
640 Und sein Palast ist's, wo wir uns versammeln.
MARIA.
Ihr macht mich zittern, Sir – doch nicht für[1] Freude.
Mir fliegt ein böses Ahnden durch das Herz.
Was unternehmt ihr? Wisst ihr's? Schrecken euch
Nicht Babingtons, nicht Tichburns[2] blut'ge Häupter,
645 Auf Londons Brücke warnend aufgesteckt,
Nicht das Verderben der Unzähligen,
Die ihren Tod in gleichem Wagstück fanden
Und meine Ketten schwerer nur gemacht?
Unglücklicher, verführter Jüngling – flieht!
650 Flieht, wenn's noch Zeit ist – wenn der Späher Burleigh
Nicht jetzt schon Kundschaft hat von euch, nicht schon
In eure Mitte den Verräter mischte.
Flieht aus dem Reiche schnell! Marien Stuart
Hat noch kein Glücklicher beschützt.
MORTIMER.   Mich schrecken
655 Nicht Babingtons, nicht Tichburns blut'ge Häupter,
Auf Londons Brücke warnend aufgesteckt,
Nicht das Verderben der unzähl'gen andern,
Die ihren Tod in gleichem Wagstück fanden,
Sie fanden auch darin den ew'gen Ruhm,
660 Und Glück schon ist's, für Eure Rettung sterben.
MARIA. Umsonst! Mich rettet nicht Gewalt, nicht List.
Der Feind ist wachsam und die Macht ist sein.
Nicht Paulet nur und seiner Wächter Schar,
Ganz England hütet meines Kerkers Tore.
665 Der freie Wille der Elisabeth allein
Kann sie mir auftun.
MORTIMER.   O das hoffet nie!
MARIA. Ein einz'ger Mann lebt, der sie öffnen kann.
MORTIMER. O nennt mir diesen Mann –
MARIA.   Graf Leicester.
MORTIMER *(tritt erstaunt zurück).*   Leicester!
Graf Leicester! – Euer blutigster Verfolger,
670 Der Günstling der Elisabeth – von diesem –

---

[1] aus
[2] Verschwörer, die Maria befreien wollten, aber gefasst und hingerichtet wurden (vgl. S. 162f. im Anhang)

MARIA. Bin ich zu retten, ist's allein durch ihn.
  – Geht zu ihm. Öffnet Euch ihm frei.
  Und zur Gewähr, dass i c h ' s bin, die Euch sendet.
  Bringt ihm dies Schreiben. Es enthält mein Bildnis.
  *(Sie zieht ein Papier aus dem Busen, Mortimer tritt zurück
  und zögert, es anzunehmen.)*
675 Nehmt hin. Ich trag es lange schon bei mir,
  Weil Eures Oheims strenge Wachsamkeit
  Mir jeden Weg zu ihm gehemmt – Euch sandte
  Mein guter Engel –
MORTIMER: Königin – dies Rätsel –
  Erklärt es mir –
MARIA.   Graf Leicester wird's Euch lösen.
680 Vertraut ihm, er wird Euch vertraun – Wer kommt?
KENNEDY *(eilfertig eintretend)*.
  Sir Paulet naht mit einem Herrn vom Hofe.
MORTIMER. Es ist Lord Burleigh. Fasst Euch, Königin!
  Hört es mit Gleichmut an, was er Euch bringt.
  (Er entfernt sich durch eine Seitentür, Kennedy folgt ihm.)

Siebenter Auftritt

MARIA. LORD BURLEIGH, *Großschatzmeister von
England, und* RITTER PAULET.

PAULET. Ihr wünschtet heut Gewissheit Eures Schicksals,
685 Gewissheit bringt Euch Seine Herrlichkeit,
  Mylord von Burleigh. Tragt sie mit Ergebung.
MARIA. Mit Würde, hoff ich, die der Unschuld ziemt.
BURLEIGH. Ich komme als Gesandter des Gerichts.
MARIA. Lord Burleigh leiht dienstfertig dem Gerichte,
690 Dem er den Geist geliehn, nun auch den Mund.
PAULET. Ihr sprecht, als wüsstet Ihr bereits das Urteil.
MARIA. Da es Lord Burleigh bringt, so weiß ich es.
  – Zur Sache, Sir.
BURLEIGH.   Ihr habt Euch dem Gericht
  Der Zweiundvierzig unterworfen, Lady –

MARIA.
695 Verzeiht, Mylord, dass ich Euch gleich zu Anfang
Ins Wort muss fallen – Unterworfen hätt ich mich
Dem Richterspruch der Zweiundvierzig, sagt Ihr?
Ich habe keineswegs mich unterworfen.
Nie konnt ich das – ich konnte meinem Rang,
700 Der Würde meines Volks und meines Sohnes[1]
Und aller Fürsten nicht so viel vergeben.
Verordnet ist im englischen Gesetz,
Dass jeder Angeklagte durch Geschworne
Von seinesgleichen soll gerichtet werden.
705 Wer in der Committee[2] ist meinesgleichen?
Nur Könige sind meine Peers[3].
BURLEIGH.   Ihr hörtet
Die Klagartikel an, ließt Euch darüber
Vernehmen vor Gerichte –
MARIA.   Ja, ich habe mich
Durch Hattons arge List verleiten lassen,
710 Bloß meiner Ehre wegen, und im Glauben
An meiner Gründe siegende Gewalt,
Ein Ohr zu leihen jenen Klagepunkten
Und ihren Ungrund darzutun[4] – Das tat ich
Aus Achtung für die würdigen Personen
715 Der Lords, nicht für ihr Amt, das ich verwerfe.
BURLEIGH. Ob Ihr sie anerkennt, ob nicht, Mylady,
Das ist nur eine leere Förmlichkeit,
Die des Gerichtes Lauf nicht hemmen kann.
Ihr atmet Englands Luft, genießt den Schutz,
720 Die Wohltat des Gesetzes, und so seid Ihr
Auch seiner Herrschaft untertan!
MARIA.   Ich atme
Die Luft in einem englischen Gefängnis.
Heißt das in England leben, der Gesetze
Wohltat genießen? Kenn ich sie doch kaum.
725 Nie hab ich eingewilligt, sie zu halten.

---

[1] Jakobs VI.
[2] in dem Gericht
[3] Mitglieder des Oberhauses; hier die aus diesem Kreis bestimmten Richter, die dem gleichen Stand wie der/die Angeklagte angehören
[4] ihre Haltlosigkeit zu erweisen

Ich bin nicht dieses Reiches Bürgerin,
Bin eine freie Königin des Auslands.
BURLEIGH. Und denkt Ihr, dass der königliche Name
Zum Freibrief dienen könne, blut'ge Zwietracht
₇₃₀ In fremdem Lande straflos auszusäen?
Wie stünd es um die Sicherheit der Staaten,
Wenn das gerechte Schwert der Themis[1] nicht
Die schuld'ge Stirn des königlichen Gastes
Erreichen könnte wie des Bettlers Haupt?
₇₃₅ MARIA. Ich will mich nicht der Rechenschaft entziehn,
Die Richter sind es nur, die ich verwerfe.
BURLEIGH. Die Richter! Wie, Mylady? Sind es etwa
Vom Pöbel[2] aufgegriffene Verworfne,
Schamlose Zungendrescher, denen Recht
₇₄₀ Und Wahrheit feil ist, die sich zum Organ
Der Unterdrückung willig dingen lassen?
Sind's nicht die ersten Männer dieses Landes,
Selbstständig gnug, um wahrhaft sein zu dürfen,
Um über Fürstenfurcht und niedrige
₇₄₅ Bestechung weit erhaben sich zu sehn?
Sind's nicht dieselben, die ein edles Volk
Frei und gerecht regieren, deren Namen
Man nur zu nennen braucht, um jeden Zweifel,
Um jeden Argwohn schleunig stumm zu machen?
₇₅₀ An ihrer Spitze steht der Völkerhirte,
Der fromme Primas von Canterbury[3],
Der weise Talbot, der des Siegels wahret[4],
Und Howard, der des Reiches Flotten führt[5].
Sagt! Konnte die Beherrscherin von England
₇₅₅ Mehr tun, als aus der ganzen Monarchie
Die Edelsten auslesen und zu Richtern
In diesem königlichen Streit bestellen?
Und wär's zu denken, dass Parteienhass

---

[1] griechische Göttin des Rechtes und Gesetzes
[2] Gesindel
[3] der Erste: geistliches Oberhaupt der anglikanischen Kirche
[4] Lordsiegelbewahrer (vgl. auch die V. 4019–4021); der historische Talbot hatte dieses Amt nie inne.
[5] Unter seinem Kommando besiegte 1588 die englische Flotte die spanische Armada.

Den Einzelnen bestäche – Können vierzig
Erlesne Männer sich in einem Spruche
Der Leidenschaft vereinigen?

MARIA *(nach einigem Stillschweigen).*
Ich höre staunend die Gewalt des Mundes,
Der mir von je so unheilbringend war –
Wie werd ich mich, ein ungelehrtes Weib,
Mit so kunstfert'gem Redner messen können! –
Wohl! Wären diese Lords, wie Ihr sie schildert,
Verstummen müsst ich, hoffnungslos verloren
Wär meine Sache, sprächen sie mich schuldig.
Doch diese Namen, die Ihr preisend nennt,
Die mich durch ihr Gewicht zermalmen sollen,
Mylord, ganz andere Rollen seh ich sie
In den Geschichten dieses Landes spielen.
Ich sehe diesen hohen Adel Englands,
Des Reiches majestätischen Senat,
Gleich Sklaven des Serails[1] den Sultanslaunen
Heinrichs des Achten, meines Großohms[2], schmeicheln –
Ich sehe dieses edle Oberhaus,
Gleich feil mit den erkäuflichen Gemeinen[3],
Gesetze prägen und verrufen, Ehen
Auflösen, binden, wie der Mächtige
Gebietet[4], Englands Fürstentöchter heute
Enterben, mit dem Bastardnamen schänden,
Und morgen sie zu Königinnen krönen[5].
Ich sehe diese würd'gen Peers mit schnell
Vertauschter Überzeugung unter v i e r
Regierungen den Glauben v i e r m a l ändern[6] –

---

[1] Palast des Sultans – so wurden türkische Herrscher betitelt.
[2] Großonkel. Heinrich VIII. war der Bruder von Marias Großmutter (vgl. Anm. 1 auf S. 12 und die Verwandtschaftsverhältnisse auf S. 164f. im Anhang).
[3] nichtadlige Untertanen oder Bürger
[4] Heinrich VIII. ging nacheinander insgesamt sechs Ehen ein.
[5] So wurde Elisabeth zunächst als unrechtmäßige Tochter angesehen und damit von der Thronfolge ausgeschlossen, später aber wieder zugelassen.
[6] Mit den Königen wechselte auch der Glaube, zum Beispiel beim Beginn von Elisabeths Herrschaft (vgl. S. 157 im Anhang).

BURLEIGH.
> Ihr nennt Euch fremd in Englands Reichsgesetzen,
> In Englands Unglück seid Ihr sehr bewandert.

MARIA.
> Und das sind meine Richter! – Lord Schatzmeister!
> Ich will gerecht sein gegen Euch! Seid Ihr's
> Auch gegen mich – Man sagt, Ihr meint es gut
> Mit diesem Staat, mit Eurer Königin,
> Seid unbestechlich, wachsam, unermüdet –
> Ich will es glauben. Nicht der eigne Nutzen
> Regiert Euch, Euch regiert allein der Vorteil
> Des Souveräns[1], des Landes. Eben darum
> Misstraut Euch, edler Lord, dass nicht der Nutzen
> Des Staats Euch als Gerechtigkeit erscheine.
> Nicht zweifl' ich dran, es sitzen neben Euch
> Noch edle Männer unter meinen Richtern.
> Doch sie sind P r o t e s t a n t e n , Eiferer
> Für Englands Wohl, und sprechen über mich,
> Die Königin von Schottland, die Papistin[2]!
> Es kann der Brite gegen den Schotten nicht
> Gerecht sein, ist ein uralt Wort – Drum ist
> Herkömmlich seit der Väter grauen Zeit,
> Dass vor Gericht kein Brite gegen den Schotten,
> Kein Schotte gegen jenen zeugen darf.
> Die Not gab dieses seltsame Gesetz,
> Ein tiefer Sinn wohnt in den alten Bräuchen,
> Man muss sie ehren, Mylord – die Natur
> Warf diese beiden feur'gen Völkerschaften
> Auf dieses Brett[3] im Ozean, ungleich
> Verteilte sie's und hieß sie darum kämpfen.
> Der Tweede[4] schmales Bette trennt allein
> Die heft'gen Geister, oft vermischte sich
> Das Blut der Kämpfenden in ihren Wellen.
> Die Hand am Schwerte, schauen sie sich drohend
> Von beiden Ufern an, seit tausend Jahren.
> Kein Feind bedränget Engelland, dem nicht

---

[1] des Herrschers
[2] die Katholikin
[3] diese Insel
[4] Grenzfluss zwischen England und Schottland

Der Schotte sich zum Helfer zugesellte,
Kein Bürgerkrieg entzündet Schottlands Städte,
Zu dem der Brite nicht den Zunder[1] trug.
   Und nicht erlöschen wird der Hass, bis endlich
825 Ein Parlament sie brüderlich vereint,
Ein Zepter waltet durch die ganze Insel.
BURLEIGH. Und eine Stuart sollte dieses Glück
   Dem Reich gewähren?
MARIA.   Warum soll ich's leugnen?
   Ja ich gesteh's, dass ich die Hoffnung nährte,
830 Zwei edle Nationen unterm Schatten
Des Ölbaums frei und fröhlich zu vereinen.
Nicht ihres Völkerhasses Opfer glaubt ich
Zu werden; ihre lange Eifersucht,
Der alten Zwietracht unglücksel'ge Glut
835 Hofft ich auf ew'ge Tage zu ersticken,
Und wie mein Ahnherr Richmond die zwei Rosen
Zusammenband nach blut'gem Streit[2], die Kronen
Schottland und England friedlich zu vermählen.
BURLEIGH. Auf schlimmem Weg verfolgtet Ihr dies Ziel,
840 Da Ihr das Reich entzünden, durch die Flammen
Des Bürgerkriegs zum Throne steigen wolltet.
MARIA.
   Das wollt ich nicht – beim großen Gott des Himmels!
   Wann hätt ich das gewollt? Wo sind die Proben[3]?
BURLEIGH. Nicht Streitens wegen kam ich her. Die Sache
845 Ist keinem Wortgefecht mehr unterworfen.
Es ist erkannt durch vierzig Stimmen gegen zwei,
Dass Ihr die Akte[4] vom vergangnen Jahr
Gebrochen, dem Gesetz verfallen seid.
Es ist verordnet im vergangnen Jahr:
850 „Wenn sich Tumult im Königreich erhübe,
Im Namen und zum Nutzen irgendeiner

---

[1] Baumschwamm zum Anzünden des Feuers
[2] Heinrich VII. Tudor, der Vater Heinrichs VIII., beendete den Kampf um die Thronfolge, die sog. Rosenkriege – die Wappen zeigten eine weiße und eine rote Rose – durch die Heirat mit Elisabeth aus dem rivalisierenden Hause York.
[3] Beweise
[4] Gesetz für die Sicherheit der Königin (vgl. S. 163 im Anhang)

> Person, die Rechte vorgibt an die Krone,
> Dass man gerichtlich gegen sie verfahren,
> Bis in den Tod die schuldige verfolge" –
> Und da bewiesen ist –

855 MARIA. Mylord von Burleigh!
Ich zweifle nicht, dass ein Gesetz, ausdrücklich
Auf m i c h gemacht, verfasst, mich zu verderben,
Sich gegen mich wird brauchen lassen – Wehe
Dem armen Opfer, wenn derselbe Mund,
860 Der das Gesetz gab, auch das Urteil spricht!
Könnt Ihr es leugnen, Lord, dass jene Akte
Zu meinem Untergang ersonnen ist?

BURLEIGH. Zu Eurer Warnung sollte sie gereichen,
Zum Fallstrick habt Ihr selber sie gemacht.
865 Den Abgrund saht Ihr, der vor Euch sich auftat,
Und treu gewarnet stürztet Ihr hinein.
Ihr wart mit Babington, dem Hochverräter,
Und seinen Mordgesellen einverstanden,
Ihr hattet Wissenschaft von allem, lenktet
870 Aus Eurem Kerker planvoll die Verschwörung.

MARIA. Wann hätt ich das getan? Man zeige mir
Die Dokumente auf.

BURLEIGH. Die hat man Euch
Schon neulich vor Gerichte vorgewiesen.

MARIA. Die Kopien, von fremder Hand geschrieben!
875 Man bringe die Beweise mir herbei,
Dass ich sie selbst diktiert, dass ich sie s o
Diktiert, gerade so, wie man gelesen.

BURLEIGH. Dass es dieselben sind, die er empfangen,
Hat Babington vor seinem Tod bekannt.

880 MARIA. Und warum stellte man ihn mir nicht lebend
Vor Augen? Warum eilte man so sehr,
Ihn aus der Welt zu fördern, eh man ihn
Mir, Stirne gegen Stirne, vorgeführt?

BURLEIGH. Auch Eure Schreiber, Kurl und Nau, erhärten
885 Mit einem Eid, dass es die Briefe seien,
Die sie aus Eurem Munde niederschrieben.

MARIA. Und auf das Zeugnis meiner Hausbedienten
Verdammt man mich? Auf Treu und Glauben derer,
Die mich verraten, ihre Königin,

890 Die in demselben Augenblick die Treu
Mir brachen, da sie gegen mich gezeugt?
BURLEIGH. Ihr selbst erklärtet sonst den Schotten Kurl
Für einen Mann von Tugend und Gewissen.
MARIA. So kannt ich ihn – doch eines Mannes Tugend
895 Erprobt allein die Stunde der Gefahr.
Die Folter konnt ihn ängstigen, dass er
Aussagte und gestand, was er nicht wusste!
Durch falsches Zeugnis glaubt' er sich zu retten
Und mir, der Königin, nicht viel zu schaden.
900 BURLEIGH. Mit einem freien Eid hat er's beschworen.
MARIA. Vor meinem Angesichte nicht! – Wie, Sir?
Das sind zwei Zeugen, die noch beide leben!
Man stelle sie mir gegenüber, lasse sie
Ihr Zeugnis mir ins Antlitz wiederholen!
905 Warum mir eine Gunst, ein Recht verweigern,
Das man dem Mörder nicht versagt? Ich weiß
Aus Talbots Munde, meines vor'gen Hüters,
Dass unter dieser nämlichen Regierung
Ein Reichsschluss durchgegangen, der befiehlt,
910 Den Kläger dem Beklagten vorzustellen.
Wie? Oder hab ich falsch gehört? – Sir Paulet!
Ich hab Euch stets als Biedermann erfunden,
Beweist es jetzo. Sagt mir auf Gewissen,
Ist's nicht so? Gibt's kein solch Gesetz in England?
915 PAULET. So ist's, Mylady. Das ist bei uns rechtens.
Was wahr ist, muss ich sagen.
MARIA.   Nun, Mylord!
Wenn man mich denn so streng nach englischem Recht
Behandelt, wo dies Recht mich unterdrückt,
Warum dasselbe Landesrecht umgehen,
920 Wenn es mir Wohltat werden kann? – Antwortet!
Warum ward Babington mir nicht vor Augen
Gestellt, wie das Gesetz befiehlt? Warum
Nicht meine Schreiber, die noch beide leben?
BURLEIGH. Ereifert Euch nicht, Lady. Euer Einverständnis
Mit Babington ist's nicht allein –
925 MARIA.   Es ist's
Allein, was mich dem Schwerte des Gesetzes
Bloßstellt, wovon ich mich zu rein'gen habe.

Mylord! Bleibt bei der Sache. Beugt[1] nicht aus.
BURLEIGH. Es ist bewiesen, dass Ihr mit Mendoza,
930 Dem spanischen Botschafter, unterhandelt –
MARIA *(lebhaft).*
Bleibt bei der Sache, Lord!
BURLEIGH.   Dass Ihr Anschläge
Geschmiedet, die Religion des Landes
Zu stürzen, alle Könige Europas
Zum Krieg mit England aufgeregt –
MARIA.   Und wenn ich's
935 Getan? Ich hab es nicht getan – Jedoch
Gesetzt, ich tat's! – Mylord, man hält mich hier
Gefangen wider alle Völkerrechte.
Nicht mit dem Schwerte kam ich in dies Land,
Ich kam herein als eine Bittende[2],
940 Das heil'ge Gastrecht fodernd, in den Arm
Der blutsverwandten Königin mich werfend –
Und so ergriff mich die Gewalt, bereitete
Mir Ketten, wo ich Schutz gehofft – Sagt an!
Ist mein Gewissen gegen diesen Staat
945 Gebunden? Hab ich Pflichten gegen England?
Ein heilig Zwangsrecht üb ich aus, da ich
Aus diesen Banden strebe, Macht mit Macht
Abwende, alle Staaten dieses Weltteils
Zu meinem Schutz aufrühre und bewege.
950 Was irgend nur in einem guten Krieg
Recht ist und ritterlich, das darf ich üben.
Den Mord allein, die heimlich blut'ge Tat,
Verbietet mir mein Stolz und mein Gewissen,
Mord würde mich beflecken und entehren.
955 Entehren sag ich – keinesweges mich
Verdammen, einem Rechtsspruch unterwerfen.
Denn nicht vom Rechte, von Gewalt allein
Ist zwischen mir und Engelland die Rede.
BURLEIGH *(bedeutend).*
Nicht auf der Stärke schrecklich Recht beruft Euch,
960 Mylady! Es ist der Gefangenen nicht günstig.

---

[1] weicht
[2] vgl. S. 161 im Anhang

MARIA. Ich bin die Schwache, sie die Mächt'ge – Wohl!
Sie brauche die Gewalt, sie töte mich,
Sie bringe ihrer Sicherheit das Opfer.
Doch sie gestehe dann, dass sie die Macht
965 Allein, nicht die Gerechtigkeit geübt.
Nicht vom Gesetze borge sie das Schwert,
Sich der verhassten Feindin zu entladen,
Und kleide nicht in heiliges Gewand
Der rohen Stärke blutiges Erkühnen.
970 Solch Gaukelspiel[1] betrüge nicht die Welt!
Ermorden lassen kann sie mich, nicht richten!
Sie geb es auf, mit des Verbrechens Früchten
Den heil'gen Schein der Tugend zu vereinen,
Und was sie i s t, das wage sie zu scheinen!
(Sie geht ab.)

Achter Auftritt

BURLEIGH. PAULET.

BURLEIGH.
975 Sie trotzt uns – wird uns trotzen, Ritter Paulet,
Bis an die Stufen des Schafotts[2] – Dies stolze Herz
Ist nicht zu brechen – Überraschte sie
Der Urtelspruch[3]? Saht Ihr sie eine Träne
Vergießen? Ihre Farbe nur verändern?
980 Nicht unser Mitleid ruft sie an. Wohl kennt sie
Den Zweifelmut der Königin von England,
Und unsre Furcht ist's, was sie mutig macht.
PAULET.
Lord Großschatzmeister! Dieser eitle Trotz wird schnell
Verschwinden, wenn man ihm den Vorwand raubt.
985 Es sind Unziemlichkeiten[4] vorgegangen
In diesem Rechtstreit, wenn ich's sagen darf.

---

[1] verlogenes Spiel
[2] Hinrichtungsstätte
[3] Urteil
[4] Unregelmäßigkeiten

Man hätte diesen Babington und Tichburn
Ihr in Person vorführen, ihre Schreiber
Ihr gegenüberstellen sollen.
BURLEIGH *(schnell).* Nein!
990 Nein, Ritter Paulet! Das war nicht zu wagen.
Zu groß ist ihre Macht auf die Gemüter
Und ihrer Tränen weibliche Gewalt.
Ihr Schreiber Kurl, ständ er ihr gegenüber,
Käm es dazu, das Wort nun auszusprechen,
995 An dem ihr Leben hängt – er würde zaghaft
Zurückziehn, sein Geständnis widerrufen –
PAULET. So werden Englands Feinde alle Welt
Erfüllen mit gehässigen Gerüchten,
Und des Prozesses festliches Gepräng[1]
1000 Wird als ein kühner Frevel nur erscheinen.
BURLEIGH. Dies ist der Kummer unsrer Königin –
Dass diese Stifterin des Unheils doch
Gestorben wäre, ehe sie den Fuß
Auf Englands Boden setzte!
PAULET. Dazu sag ich Amen.
1005 BURLEIGH. Dass Krankheit sie im Kerker aufgerieben!
PAULET. Viel Unglück hätt es diesem Land erspart.
BURLEIGH. Doch hätt auch gleich ein Zufall der Natur
Sie hingerafft – Wir hießen doch die Mörder.
PAULET.
Wohl wahr. Man kann den Menschen nicht verwehren,
Zu denken, was sie wollen.
1010 BURLEIGH. Zu beweisen wär's
Doch nicht, und würde weniger Geräusch erregen –
PAULET. Mag es Geräusch erregen! Nicht der laute,
Nur der gerechte Tadel kann verletzen.
BURLEIGH. O! Auch die heilige Gerechtigkeit
1015 Entflieht dem Tadel nicht. Die Meinung hält es
Mit dem Unglücklichen, es wird der Neid
Stets den obsiegend Glücklichen verfolgen.
Das Richterschwert, womit der Mann sich ziert,
Verhasst ist's in der Frauen Hand. Die Welt
1020 Glaubt nicht an die Gerechtigkeit des Weibes,

---

[1] Prunk

Sobald ein Weib das Opfer wird. Umsonst,
Dass wir, die Richter, nach Gewissen sprachen!
Sie hat der Gnade königliches Recht.
Sie muss es brauchen, unerträglich ist's,
Wenn sie den strengen Lauf lässt dem Gesetze!
PAULET. Und also –
BURLEIGH *(rasch einfallend).* Also soll sie leben? Nein!
Sie darf nicht leben! Nimmermehr! Dies, eben
Dies ist's, was unsre Königin beängstigt –
Warum der Schlaf ihr Lager flieht – Ich lese
In ihren Augen ihrer Seele Kampf,
Ihr Mund wagt ihre Wünsche nicht zu sprechen,
Doch vielbedeutend fragt ihr stummer Blick:
Ist unter allen meinen Dienern keiner,
Der die verhasste Wahl mir spart, in ew'ger Furcht
Auf meinem Thron zu zittern, oder grausam
Die Königin, die eigne Blutsverwandte
Dem Beil zu unterwerfen?
PAULET.
    Das ist nun die Notwendigkeit, steht nicht zu ändern.
BURLEIGH. Wohl stünd's zu ändern, meint die Königin,
Wenn sie nur aufmerksamre Diener hätte.
PAULET. Aufmerksame!
BURLEIGH.   Die einen stummen Auftrag
Zu deuten wissen.
PAULET.   Einen stummen Auftrag!
BURLEIGH. Die, wenn man ihnen eine gift'ge Schlange
Zu hüten gab, den anvertrauten Feind
Nicht wie ein heilig teures Kleinod[1] hüten.
PAULET *(bedeutungsvoll).*
Ein hohes Kleinod ist der gute Name,
Der unbescholtne Ruf der Königin,
Den kann man nicht zu wohl bewachen, Sir!
BURLEIGH. Als man die Lady von dem Shrewsbury
Wegnahm und Ritter Paulets Hut vertraute,
Da war die Meinung –
PAULET.   Ich will hoffen, Sir,
Die Meinung war, dass man den schwersten Auftrag

---

[1] Schmuckstück, Kostbarkeit

Den reinsten Händen übergeben wollte.
Bei Gott! Ich hätte dieses Schergenamt[1]
1055 Nicht übernommen, dächt ich nicht, dass es
Den besten Mann in England foderte.
Lasst mich nicht denken, dass ich's etwas anderm
Als meinem reinen Rufe schuldig bin.
BURLEIGH. Man breitet aus, sie schwinde[2], lässt sie kränker
1060 Und kränker werden, endlich still verscheiden,
So stirbt sie in der Menschen Angedenken –
Und Euer Ruf bleibt rein.
PAULET.   Nicht mein Gewissen.
BURLEIGH. Wenn Ihr die eigne Hand nicht leihen wollt,
So werdet Ihr der fremden doch nicht wehren –
PAULET *(unterbricht ihn)*.
1065 Kein Mörder soll sich ihrer Schwelle nahn,
Solang die Götter meines Dachs sie schützen.
Ihr Leben ist mir heilig, heil'ger nicht
Ist mir das Haupt der Königin von England.
Ihr seid die Richter! Richtet! Brecht den Stab[3]!
1070 Und wenn es Zeit ist, lasst den Zimmerer
Mit Axt und Säge kommen, das Gerüst
Aufschlagen – für den Sheriff[4] und den Henker
Soll meines Schlosses Pforte offen sein.
Jetzt ist sie zur Bewahrung mir vertraut,
1075 Und seid gewiss, ich werde sie bewahren,
Dass sie nichts Böses tun soll, noch erfahren!
(Gehen ab.)

---

[1] unangenehmer Hilfsdienst
[2] man bringt in Umlauf, ihre Kräfte ließen nach
[3] Zeichen für die Verurteilung zum Tod
[4] oberster Vollzugsbeamter

Zweiter Aufzug

Der Palast zu Westminster.

Erster Auftritt

Der GRAF VON KENT *und* SIR WILLIAM DAVISON
begegnen einander.

DAVISON.
  Seid Ihr's, Mylord von Kent? Schon vom Turnierplatz
  Zurück, und ist die Festlichkeit zu Ende?
KENT. Wie? Wohntet Ihr dem Ritterspiel nicht bei?
DAVISON. Mich hielt mein Amt.
1080 KENT.   Ihr habt das schönste Schauspiel
  Verloren, Sir, das der Geschmack ersonnen
  Und edler Anstand ausgeführt – denn wisst!
  Es wurde vorgestellt die keusche Festung
  Der Schönheit, wie sie vom Verlangen
1085 Berennt wird – Der Lord Marschall[1], Oberrichter,
  Der Seneschall[2] nebst zehen andern Rittern
  Der Königin verteidigten die Festung,
  Und Frankreichs Kavaliere[3] griffen an.
  Voraus erschien ein Herold[4], der das Schloss
1090 Auffoderte in einem Madrigale[5],
  Und von dem Wall[6] antwortete der Kanzler.
  Drauf spielte[7] das Geschütz, und Blumensträuße,
  Wohlriechend köstliche Essenzen[8] wurden

---

[1] Oberbefehlshaber der berittenen Truppen oder des Militärs insgesamt
[2] oberster Verwalter des Hofes
[3] Ritter
[4] Ausrufer, auch: Schiedsrichter
[5] musikalische oder dichterische Form
[6] Mauer
[7] feuerte
[8] konzentrierte Duft- und Geschmacksstoffe aus pflanzlichen oder tierischen Substanzen

Aus niedlichen Feldstücken[1] abgefeuert.
1095 Umsonst! Die Stürme wurden abgeschlagen,
Und das Verlangen musste sich zurückziehn.
DAVISON. Ein Zeichen böser Vorbedeutung, Graf,
Für die französische Brautwerbung.
KENT. Nun, nun, das war ein Scherz – Im Ernste denk ich,
1100 Wird sich die Festung endlich doch ergeben.
DAVISON. Glaubt Ihr? Ich glaub es nimmermehr.
KENT. Die schwierigsten Artikel[2] sind bereits
Berichtigt und von Frankreich zugestanden.
Monsieur[3] begnügt sich, in verschlossener
1105 Kapelle seinen Gottesdienst zu halten
Und öffentlich die Reichsreligion
Zu ehren und zu schützen – Hättet Ihr den Jubel
Des Volks gesehn, als diese Zeitung[4] sich verbreitet!
Denn dieses war des Landes ew'ge Furcht,
1110 Sie möchte sterben ohne Leibeserben
Und England wieder Papstes Fesseln tragen,
Wenn ihr die Stuart auf dem Throne folgte.
DAVISON. Der Furcht kann es entledigt sein – Sie geht
Ins Brautgemach, die Stuart geht zum Tode.
1115 KENT. Die Königin kommt!

Zweiter Auftritt

DIE VORIGEN. ELISABETH, *von* LEICESTER *geführt.*
GRAF AUBESPINE, BELLIEVRE, GRAF SHREWSBURY,
LORD BURLEIGH *mit noch andern französischen
und englischen Herren treten auf.*

ELISABETH *(zu Aubespine).*
Graf! Ich beklage diese edeln Herrn,
Die ihr galanter[5] Eifer über Meer

---

[1] Kanonen
[2] Vereinbarungen im Heiratsvertrag
[3] Franz von Anjou, der um Elisabeth wirbt
[4] Nachricht
[5] in höfischen Formen werbend

Hieher geführt, dass sie die Herrlichkeit
Des Hofs von Saint Germain[1] bei mir vermissen.
Ich kann so pracht'ge Götterfeste nicht
Erfinden als die königliche Mutter
Von Frankreich[2] – Ein gesittet fröhlich Volk,
Das sich, sooft ich öffentlich mich zeige,
Mit Segnungen um meine Sänfte drängt,
Dies ist das Schauspiel, das ich fremden Augen
Mit ein'gem Stolze zeigen kann. Der Glanz
Der Edelfräulein, die im Schönheitsgarten
Der Katharina blühn, verbärge nur
Mich selber und mein schimmerlos Verdienst.

AUBESPINE. Nur e i n e Dame zeigt Westminsterhof
Dem überraschten Fremden – aber alles,
Was an dem reizenden[3] Geschlecht entzückt,
Stellt sich versammelt dar in dieser einen.

BELLIEVRE. Erhabne Majestät von Engelland,
Vergönne, dass wir unsern Urlaub nehmen[4]
Und Monsieur, unsern königlichen Herrn,
Mit der ersehnten Freudenpost beglücken.
Ihn hat des Herzens heiße Ungeduld
Nicht in Paris gelassen, er erwartet
Zu Amiens[5] die Boten seines Glücks,
Und bis nach Calais[6] reichen seine Posten,
Das Jawort, das dein königlicher Mund
Aussprechen wird, mit Flügelschnelligkeit
Zu seinem trunknen Ohre hinzutragen.

ELISABETH. Graf Bellievre, dringt nicht weiter in mich.
Nicht Zeit ist's jetzt, ich wiederhol es Euch,
Die freud'ge Hochzeitfackel anzuzünden.
Schwarz hängt der Himmel über diesem Land,
Und besser ziemte mir der Trauerflor

---

[1] französischer Königshof nahe Paris
[2] Katharina von Medici, Schwiegermutter Marias (vgl. Anm. 3 auf S. 8)
[3] weiblichen
[4] dass wir weggehen dürfen
[5] französische Stadt nördlich von Paris
[6] französische Stadt an der Kanalküste

| | Als das Gepränge bräutlicher Gewänder.
| 1150 |
| | Denn nahe droht ein jammervoller Schlag
| | Mein Herz zu treffen und mein eignes Haus.
| | BELLIEVRE. Nur dein Versprechen gib uns, Königin,
| | In frohern Tagen folge die Erfüllung.
| 1155 | ELISABETH. Die Könige sind nur Sklaven ihres Standes,
| | Dem eignen Herzen dürfen sie nicht folgen.
| | Mein Wunsch war's immer, unvermählt zu sterben,
| | Und meinen Ruhm hätt ich darein gesetzt,
| | Dass man dereinst auf meinem Grabstein läse:
| 1160 | „Hier ruht die jungfräuliche Königin."
| | Doch meine Untertanen wollen's nicht,
| | Sie denken jetzt schon fleißig an die Zeit,
| | Wo ich dahin sein werde – Nicht genug,
| | Dass j e t z t der Segen dieses Land beglückt,
| 1165 | Auch ihrem künft'gen Wohl soll ich mich opfern,
| | Auch meine jungfräuliche Freiheit soll ich,
| | Mein höchstes Gut, hingeben für mein Volk,
| | Und der Gebieter[1] wird mir aufgedrungen.
| | Es zeigt mir dadurch an, dass ich ihm nur
| 1170 | Ein Weib bin, und ich meinte doch, regiert
| | Zu haben wie ein Mann und wie ein König.
| | Wohl weiß ich, dass man Gott nicht dient, wenn man
| | Die Ordnung der Natur verlässt, und Lob
| | Verdienen sie, die vor mir hier gewaltet[2],
| 1175 | Dass sie die Klöster aufgetan und tausend
| | Schlachtopfer einer falsch verstandnen Andacht
| | Den Pflichten der Natur zurückgegeben.
| | Doch eine Königin, die ihre Tage
| | Nicht ungenützt in müßiger Beschauung
| 1180 | Verbringt, die unverdrossen, unermüdet,
| | Die schwerste aller Pflichten übt, d i e sollte
| | Von dem Naturzweck ausgenommen sein,
| | Der e i n e Hälfte des Geschlechts der Menschen
| | Der andern unterwürfig macht –
| 1185 | AUBESPINE. Jedwede Tugend, Königin, hast du
| | Auf deinem Thron verherrlicht, nichts ist übrig,

---

[1] Ehemann
[2] Heinrich VIII. und sein Sohn und Nachfolger Eduard VI.

Als dem Geschlechte, dessen Ruhm du bist,
Auch noch in seinen eigensten Verdiensten
Als Muster vorzuleuchten. Freilich lebt
1190 Kein Mann auf Erden, der es würdig ist,
Dass du die Freiheit ihm zum Opfer brächtest.
Doch wenn Geburt, wenn Hoheit, Heldentugend
Und Männerschönheit einen Sterblichen
D e r Ehre würdig machen, so –
ELISABETH.   Kein Zweifel,
1195 Herr Abgesandter, dass ein Ehebündnis
Mit einem königlichen Sohne Frankreichs
Mich ehrt! Ja, ich gesteh es unverhohlen,
Wenn es sein m u s s – wenn ich's nicht ändern kann,
Dem Dringen meines Volkes nachzugeben –
1200 Und es wird stärker sein als ich, befürcht ich –
So kenn ich in Europa keinen Fürsten,
Dem ich mein höchstes Kleinod, meine Freiheit,
Mit minderm Widerwillen opfern würde.
Lasst dies Geständnis Euch Genüge tun.
BELLIEVRE.
1205 Es ist die s c h ö n s t e Hoffnung, doch es ist
Nur eine H o f f n u n g, und mein Herr wünscht mehr –
ELISABETH. Was wünscht er?
(Sie zieht einen Ring vom Finger und betrachtet ihn nachdenkend.)
                           Hat die Königin doch nichts
Voraus vor dem gemeinen Bürgerweibe!
Das gleiche Zeichen weist auf gleiche Pflicht,
1210 Auf gleiche Dienstbarkeit – Der Ring macht Ehen,
Und Ringe sind's, die eine Kette machen.
– Bringt Seiner Hoheit dies Geschenk. Es ist
N o c h keine Kette, bindet mich noch nicht,
Doch kann ein Reif draus werden, der mich bindet.
BELLIEVRE *(kniet nieder, den Ring empfangend).*
1215 In seinem Namen, große Königin,
Empfang ich kniend dies Geschenk und drücke
Den Kuss der Huldigung auf meiner Fürstin Hand!
ELISABETH *(zum Grafen Leicester, den sie während der letzten Rede unverwandt betrachtet hat).*
Erlaubt, Mylord!

*(Sie nimmt ihm das blaue Band¹ ab und hängt es dem Bel-
lievre um.)* Bekleidet Seine Hoheit
Mit diesem Schmuck, wie ich Euch hier damit
Bekleide und in meines Ordens Pflichten nehme.
Honi soit qui mal y pense!² – Es schwinde
Der Argwohn zwischen beiden Nationen,
Und ein vertraulich Band umschlinge fortan
Die Kronen Frankreich und Britannien!

AUBESPINE. Erhabne Königin, dies ist ein Tag
Der Freude! Möcht er's allen sein und möchte
Kein Leidender auf dieser Insel trauern!
Die Gnade glänzt auf deinem Angesicht,
O! dass ein Schimmer ihres heitern Lichts
Auf eine unglücksvolle Fürstin fiele,
Die Frankreich und Britannien gleich nahe
Angeht –

ELISABETH. Nicht weiter, Graf! Vermengen wir
Nicht zwei ganz unvereinbare Geschäfte.
Wenn Frankreich ernstlich meinen Bund verlangt,
Muss es auch meine Sorgen mit mir teilen,
Und meiner Feinde Freund nicht sein –

AUBESPINE. Unwürdig
In deinen eignen Augen würd es handeln,
Wenn es die Unglückselige, die Glaubens-
Verwandte und die Witwe seines Königs
In diesem Bund vergäße – Schon die Ehre,
Die Menschlichkeit verlangt –

ELISABETH. In diesem Sinn
Weiß ich sein Fürwort nach Gebühr zu schätzen.
Frankreich erfüllt die Freundespflicht, mir wird
Verstattet sein, als Königin zu handeln.
*(Sie neigt sich gegen die französischen Herren, welche sich
mit den übrigen Lords ehrfurchtsvoll entfernen.)*

---

¹ Hosenbandorden
² Leitspruch des Hosenbandordens: Verachtet sei, wer Schlechtes dabei denkt!

Dritter Auftritt

ELISABETH. LEICESTER. BURLEIGH. TALBOT.
Die Königin setzt sich.

1245 BURLEIGH. Ruhmvolle Königin! Du krönest heut
Die heißen Wünsche deines Volks. Nun erst
Erfreun wir uns der segenvollen Tage,
Die du uns schenkst, da wir nicht zitternd mehr
In eine stürmevolle Zukunft schauen.
1250 Nur eine Sorge kümmert noch dies Land,
Ein Opfer ist's, das alle Stimmen fodern.
Gewähr auch dieses, und der heut'ge Tag
Hat Englands Wohl auf immerdar gegründet.
ELISABETH.
Was wünscht mein Volk noch? Sprecht, Mylord.
BURLEIGH. Es fodert
1255 Das Haupt der Stuart – Wenn du deinem Volk
Der Freiheit köstliches Geschenk, das teuer
Erworbne Licht der Wahrheit willst versichern,
So muss sie nicht mehr sein – Wenn wir nicht ewig
Für dein kostbares Leben zittern sollen,
1260 So muss die Feindin untergehn! – Du weißt es,
Nicht alle deine Briten denken gleich,
Noch viele heimliche Verehrer zählt
Der röm'sche Götzendienst auf dieser Insel.
Die alle nähren feindliche Gedanken,
1265 Nach dieser Stuart steht ihr Herz, sie sind
Im Bunde mit den lothringischen Brüdern[1],
Den unversöhnten Feinden deines Namens.
Dir ist von dieser wütenden Partei
Der grimmige Vertilgungskrieg geschworen,
1270 Den man mit falschen Höllenwaffen führt.
Zu Reims, dem Bischofssitz des Kardinals,
Dort ist das Rüsthaus, wo sie Blitze schmieden,
Dort wird der Königsmord gelehrt – Von dort
Geschäftig senden sie nach deiner Insel

---

[1] den drei Söhnen des lothringischen Herzogs Franz von Guise, einem weiteren Bruder von Marias Mutter (vgl. Anm. 1 auf S. 20 und die Verwandtschaftsverhältnisse auf S. 164f. im Anhang)

	2. Aufzug, 3. Auftritt

<small>1275</small> Die Missionen aus, entschlossne Schwärmer,
In allerlei Gewand vermummt – Von dort
Ist schon der dritte Mörder ausgegangen,
Und unerschöpflich, ewig neu erzeugen
Verborgne Feinde sich aus diesem Schlunde.
<small>1280</small> – Und in dem Schloss zu Fotheringhay sitzt
Die Ate[1] dieses ew'gen Kriegs, die mit
Der Liebesfackel dieses Reich entzündet.
Für sie, die schmeichelnd jedem Hoffnung gibt,
Weiht sich die Jugend dem gewissen Tod –
<small>1285</small> Sie zu befreien ist die Losung[2], sie
Auf deinen Thron zu setzen ist der Zweck.
Denn dies Geschlecht der Lothringer erkennt
Dein heilig Recht nicht an, du heißest ihnen
Nur eine Räuberin des Throns, gekrönt
<small>1290</small> Vom Glück! Sie waren's, die die Törichte
Verführt, sich Englands Königin zu schreiben[3].
Kein Friede ist mit ihr und ihrem Stamm!
Du musst den Streich erleiden oder führen.
Ihr Leben ist dein Tod! Ihr Tod dein Leben!
<small>1295</small> ELISABETH. Mylord! Ein traurig Amt verwaltet Ihr.
Ich kenne Eures Eifers reinen Trieb,
Weiß, dass gediegne[4] Weisheit aus Euch redet,
Doch diese Weisheit, welche Blut befiehlt,
Ich hasse sie in meiner tiefsten Seele.
<small>1300</small> Sinnt einen mildern Rat aus – Edler Lord
Von Shrewsbury! Sagt Ihr uns Eure Meinung.
TALBOT. Du gabst dem Eifer ein gebührend Lob,
Der Burleighs treue Brust beseelt – Auch mir,
Strömt es mir gleich nicht so beredt vom Munde,
<small>1305</small> Schlägt in der Brust kein minder treues Herz.
Mögst du noch lange leben, Königin,
Die Freude deines Volks zu sein, das Glück
Des Friedens diesem Reiche zu verlängern.

---

[1] Göttin des Unheils und Verderbens, auch der Verblendung und Schuld
[2] das verbindende Wort und Anliegen
[3] nennen
[4] zuverlässige

So schöne Tage hat dies Eiland[1] nie
Gesehn, seit eigne Fürsten es regieren.
Mög es sein Glück mit seinem Ruhme nicht
Erkaufen! Möge Talbots Auge wenigstens
Geschlossen sein, wenn dies geschieht!
ELISABETH. Verhüte Gott, dass wir den Ruhm befleckten!
TALBOT.
Nun dann, so wirst du auf ein ander Mittel sinnen,
Dies Reich zu retten – denn die Hinrichtung
Der Stuart ist ein ungerechtes Mittel.
Du kannst das Urteil über d i e nicht sprechen,
Die dir nicht untertänig ist.
ELISABETH.   So irrt
Mein Staatsrat und mein Parlament, im Irrtum
Sind alle Richterhöfe dieses Landes,
Die mir dies Recht einstimmig zuerkannt –
TALBOT.   Nicht Stimmenmehrheit ist des Rechtes Probe,
England ist nicht die Welt, dein Parlament
Nicht der Verein[2] der menschlichen Geschlechter.
Dies heut'ge England ist das künft'ge nicht,
Wie's das vergangne nicht mehr ist – Wie sich
Die Neigung anders wendet, also[3] steigt
Und fällt des U r t e i l s wandelbare Woge.
Sag nicht, du müssest der Notwendigkeit
Gehorchen und dem Dringen deines Volks.
Sobald du willst, in jedem Augenblick
Kannst du erproben, dass dein Wille frei ist.
Versuch's! Erkläre, dass du Blut verabscheust,
Der Schwester Leben w i l l s t gerettet sehn,
Zeig denen, die dir anders raten wollen,
Die Wahrheit deines königlichen Zorns,
Schnell wirst du die Notwendigkeit verschwinden
Und Recht in Unrecht sich verwandeln sehn.
Du selbst musst richten, du allein. Du kannst dich
Auf dieses unstet schwanke Rohr[4] nicht lehnen.

---

[1] Insel
[2] die Gesamtheit
[3] so
[4] Schilfrohr

Der eignen Milde folge du getrost.
Nicht Strenge legte Gott ins weiche Herz
Des Weibes – Und die Stifter dieses Reichs,
1345 Die auch dem Weib die Herrscherzügel gaben,
Sie zeigten an, dass Strenge nicht die Tugend
Der Könige soll sein in diesem Lande.
ELISABETH. Ein warmer Anwalt ist Graf Shrewsbury
Für meine Feindin und des Reichs. Ich ziehe
1350 Die Räte vor, die meine Wohlfahrt lieben.
TALBOT. Man gönnt ihr keinen Anwalt, niemand wagt's,
Zu ihrem Vorteil sprechend, deinem Zorn
Sich bloßzustellen – So vergönne mir,
Dem alten Manne, den am Grabesrand
1355 Kein irdisch Hoffen mehr verführen kann,
Dass ich die Aufgegebene beschütze.
Man soll nicht sagen, dass in deinem Staatsrat
Die Leidenschaft, die Selbstsucht eine Stimme
Gehabt, nur die Barmherzigkeit geschwiegen.
1360 Verbündet hat sich alles wider sie,
Du selber hast ihr Antlitz nie gesehn,
Nichts spricht in deinem Herzen für die Fremde.
– Nicht ihrer Schuld red ich das Wort. Man sagt,
Sie habe den Gemahl ermorden lassen,
1365 Wahr ist's, dass sie den Mörder ehlichte.
Ein schwer Verbrechen! – Aber es geschah
In einer finster unglücksvollen Zeit,
Im Angstgedränge bürgerlichen Kriegs[1],
Wo sie, die Schwache, sich umrungen sah
1370 Von heftig dringenden Vasallen[2], sich
Dem Mutvollstärksten in die Arme warf –
Wer weiß, durch welcher Künste Macht besiegt?
Denn ein gebrechlich Wesen ist das Weib.
ELISABETH.
Das Weib ist nicht schwach. Es gibt starke Seelen
1375 In dem Geschlecht – Ich will in meinem Beisein
Nichts von der Schwäche des Geschlechtes hören.

---

[1] des Bürgerkriegs
[2] Lehensmänner, hier: die schottischen Adelsgeschlechter

TALBOT. Dir war das Unglück eine strenge Schule.
Nicht seine Freudenseite kehrte d i r
Das Leben zu. Du sahest keinen Thron
Von ferne[1], nur das Grab zu deinen Füßen.
Zu Woodstock war's und in des Towers Nacht[2],
Wo dich der gnäd'ge Vater dieses Landes
Zur ersten Pflicht durch Trübsal auferzog.
Dort suchte dich der Schmeichler nicht. Früh lernte,
Vom eiteln Weltgeräusche nicht zerstreut,
Dein Geist sich sammeln, denkend in sich gehn
Und dieses Lebens wahre Güter schätzen.
– Die Arme rettete kein Gott. Ein zartes Kind
Ward sie verpflanzt nach Frankreich[3], an den Hof
Des Leichtsinns, der gedankenlosen Freude.
Dort in der Feste ew'ger Trunkenheit
Vernahm sie nie der Wahrheit ernste Stimme.
Geblendet ward sie von der Laster Glanz
Und fortgeführt vom Strome des Verderbens.
Ihr ward der Schönheit eitles Gut zuteil,
Sie überstrahlte blühend alle Weiber,
Und durch Gestalt nicht minder als Geburt – –

ELISABETH.
Kommt zu Euch selbst, Mylord von Shrewsbury!
Denkt, dass wir hier im ernsten Rate sitzen.
Das müssen Reize sondergleichen sein,
Die einen Greis in solches Feuer setzen.
– Mylord von Leicester! Ihr allein schweigt still?
Was ihn beredt macht, bindet's Euch die Zunge?

LEICESTER. Ich schweige für[4] Erstaunen, Königin,
Dass man dein Ohr mit Schrecknissen erfüllt,
Dass diese Märchen, die in Londons Gassen
Den gläub'gen Pöbel ängsten, bis herauf
In deines Staatsrats heitre Mitte steigen,
Und weise Männer ernst beschäftigen.

---

[1] vgl. Anm. 5 auf S. 32
[2] Verbannungsort und Gefängnis. In Wirklichkeit wollte Elisabeths Halbschwester Maria I. (vgl. Anm. 1 auf S. 10) die Rivalin ausschalten.
[3] vgl. S. 156 im Anhang
[4] vor

1410 Verwunderung ergreift mich, ich gesteh's,
Dass diese länderlose Königin
Von Schottland, die den eignen kleinen Thron
Nicht zu behaupten wusste, ihrer eignen
Vasallen Spott, der Auswurf[1] ihres Landes,
1415 Dein Schrecken wird auf einmal im Gefängnis!
– Was, beim Allmächt'gen! machte sie dir furchtbar?
Dass sie dies Reich in Anspruch nimmt, dass dich
Die Guisen nicht als Königin erkennen?
Kann dieser Guisen Widerspruch das Recht
1420 Entkräften, das Geburt dir gab, der Schluss
Der Parlamente dir bestätigte?
Ist s i e durch Heinrichs letzten Willen[2] nicht
Stillschweigend abgewiesen, und wird England,
So glücklich im Genuss des neuen Lichts,
1425 Sich der Papistin in die Arme werfen?
Von dir, der angebeteten Monarchin,
Zu Darnleys Mörderin hinüberlaufen?
Was wollen diese ungestümen Menschen,
Die dich noch lebend mit der Erbin quälen,
1430 Dich nicht geschwind genug vermählen können,
Um Staat und Kirche von Gefahr zu retten?
Stehst du nicht blühend da in Jugendkraft,
Welkt jene nicht mit jedem Tag zum Grabe?
Bei Gott! Du wirst, ich hoff's, noch viele Jahre
1435 Auf ihrem Grabe wandeln, ohne dass
Du selber sie hinabzustürzen brauchtest –
BURLEIGH. Lord Leicester hat nicht immer so geurteilt.
LEICESTER. Wahr ist's, ich habe selber meine Stimme
Zu ihrem Tod gegeben im G e r i c h t.
1440 – Im S t a a t s r a t sprech ich anders. Hier ist nicht
Die Rede von dem Recht, nur von dem Vorteil.
Ist's jetzt die Zeit, von ihr Gefahr zu fürchten,
Da Frankreich sie verlässt, ihr einz'ger Schutz,
Da du den Königssohn mit deiner Hand

---

[1] Ausscheidung beim Husten
[2] Nach dem Parlament erkannte auch Heinrich VIII. in seinem Testament die Thronansprüche Elisabeths wieder an (vgl. Anm. 5 auf S. 32).

Beglücken willst, die Hoffnung eines neuen
Regentenstammes diesem Lande blüht?
Wozu sie also töten? Sie i s t tot!
Verachtung ist der wahre Tod. Verhüte,
Dass nicht das Mitleid sie ins Leben rufe!
Drum ist mein Rat: Man lasse die Sentenz[1],
Die ihr das Haupt abspricht, in voller Kraft
Bestehn! Sie lebe – aber unterm Beile
Des Henkers lebe sie, und schnell, wie sich
Ein Arm für sie bewaffnet, fall es nieder.

ELISABETH *(steht auf).*

Mylords, ich hab nun eure Meinungen
Gehört und sag euch Dank für euren Eifer.
Mit Gottes Beistand, der die Könige
Erleuchtet, will ich eure Gründe prüfen
Und wählen, was das Bessere mir dünkt.

Vierter Auftritt

DIE VORIGEN. RITTER PAULET *mit* MORTIMERN.

ELISABETH. Da kommt Amias Paulet. Edler Sir,
   Was bringt Ihr uns?
PAULET.   Glorwürd'ge Majestät!
   Mein Neffe, der ohnlängst[2] von weiten Reisen
   Zurückgekehrt, wirft sich zu deinen Füßen
   Und leistet dir sein jugendlich Gelübde.
   Empfange du es gnadenvoll und lass
   Ihn wachsen in der Sonne deiner Gunst.

MORTIMER *(lässt sich auf ein Knie nieder).*
   Lang lebe meine königliche Frau,
   Und Glück und Ruhm bekröne ihre Stirne!

ELISABETH.
   Steht auf. Seid mir willkommen, Sir, in England.
   Ihr habt den großen Weg gemacht, habt Frankreich
   Bereist und Rom und Euch zu Reims verweilt.
   Sagt mir denn an, was spinnen unsre Feinde?

---

[1] einprägsamer Satz, hier: Urteil
[2] vor kurzem

MORTIMER. Ein Gott verwirre sie und wende rückwärts
Auf ihrer eignen Schützen Brust die Pfeile,
1475 Die gegen meine Königin gesandt sind.
ELISABETH.
Saht Ihr den Morgan und den ränkespinnenden
Bischof von Roße[1]?
MORTIMER. Alle schottische
Verbannte lernt ich kennen, die zu Reims
Anschläge schmieden gegen diese Insel.
1480 In ihr Vertrauen stahl ich mich, ob ich
Etwa von ihren Ränken was entdeckte.
PAULET. Geheime Briefe hat man ihm vertraut,
In Ziffern[2], für die Königin von Schottland,
Die er mit treuer Hand uns überliefert.
1485 ELISABETH. Sagt, was sind ihre neuesten Entwürfe[3]?
MORTIMER. Es traf sie alle wie ein Donnerstreich,
Dass Frankreich sie verlässt, den festen Bund
Mit England schließt, jetzt richten sie die Hoffnung
Auf Spanien.
ELISABETH. So schreibt mir Walsingham[4].
1490 MORTIMER. Auch eine Bulle[5], die Papst Sixtus jüngst
Von Vatikane gegen dich geschleudert,
Kam eben an zu Reims, als ich's verließ,
Das nächste Schiff bringt sie nach dieser Insel.
LEICESTER.
Vor solchen Waffen zittert England nicht mehr.
BURLEIGH.
1495 Sie werden furchtbar in des Schwärmers Hand.
ELISABETH *(Mortimern forschend ansehend)*.
Man gab Euch Schuld, dass Ihr zu Reims die Schulen
Besucht und Euren Glauben abgeschworen?
MORTIMER. Die Miene gab ich mir, ich leugn es nicht,
So weit ging die Begierde, dir zu dienen!
ELISABETH *(zu Paulet, der ihr Papiere überreicht)*.
Was zieht Ihr da hervor?

---

[1] vgl. V. 497f. und Anm. 7 auf S. 23
[2] verschlüsselt
[3] Vorhaben, Pläne
[4] Leiter von Elisabeths Geheimdienst, vgl. S. 162 im Anhang
[5] Erlass, Urkunde, die den Kirchenbann gegen Elisabeth wiederholt

PAULET. Es ist ein Schreiben, 1500
Das dir die Königin von Schottland sendet.
BURLEIGH *(hastig darnach greifend).*
Gebt mir den Brief.
PAULET *(gibt das Papier der Königin).*
 Verzeiht, Lord Großschatzmeister!
In meiner Königin selbsteigne Hand,
Befahl sie mir den Brief zu übergeben.
Sie sagt mir stets, ich sei ihr Feind. Ich bin 1505
Nur ihrer Laster Feind, was sich verträgt
Mit meiner Pflicht, mag ich ihr gern erweisen.
(Die Königin hat den Brief genommen. Während sie ihn liest, sprechen Mortimer und Leicester einige Worte heimlich miteinander.)
BURLEIGH *(zu Paulet).*
Was kann der Brief enthalten? Eitle Klagen,
Mit denen man das mitleidsvolle Herz
Der Königin verschonen soll.
PAULET. Was er 1510
Enthält, hat sie mir nicht verhehlt. Sie bittet
Um die Vergünstigung, das Angesicht
Der Königin zu sehen.
BURLEIGH *(schnell).* Nimmermehr!
TALBOT. Warum nicht? Sie erfleht nichts Ungerechtes.
BURLEIGH. Die Gunst des königlichen Angesichts 1515
Hat sie verwirkt, die Mordanstifterin,
Die nach dem Blut der Königin gedürstet.
Wer's treu mit seiner Fürstin meint, der kann
Den falsch verräterischen Rat nicht geben.
TALBOT. Wenn die Monarchin sie beglücken will, 1520
Wollt Ihr der Gnade sanfte Regung hindern?
BURLEIGH. Sie ist verurteilt! Unterm Beile liegt
Ihr Haupt. Unwürdig ist's der Majestät,
Das Haupt zu sehen, das dem Tod geweiht ist.
Das Urteil kann nicht mehr vollzogen werden, 1525
Wenn sich die Königin ihr genahet hat,
Denn Gnade bringt die königliche Nähe –
ELISABETH *(nachdem sie den Brief gelesen, ihre Tränen trocknend).*
Was ist der Mensch! Was ist das Glück der Erde!

Wie weit ist diese Königin gebracht,
Die mit so stolzen Hoffnungen begann,
Die auf den ältesten Thron der Christenheit[1]
Berufen worden, die in ihrem Sinn
Drei Kronen schon aufs Haupt zu setzen meinte!
Welch andre Sprache führt sie jetzt als damals,
Da sie das Wappen Englands angenommen,
Und von den Schmeichlern ihres Hofs sich Königin
Der zwei britann'schen Inseln nennen ließ!
– Verzeiht, Mylords, es schneidet mir ins Herz,
Wehmut ergreift mich und die Seele blutet,
Dass Irdisches nicht fester steht, das Schicksal
Der Menschheit, das entsetzliche, so nahe
An meinem eignen Haupt vorüberzieht.

TALBOT. O Königin! Dein Herz hat Gott gerührt,
Gehorche dieser himmlischen Bewegung!
Schwer büßte sie fürwahr die schwere Schuld,
Und Zeit ist's, dass die harte Prüfung ende!
Reich ihr die Hand, der Tiefgefallenen,
Wie eines Engels Lichterscheinung steige
In ihres Kerkers Gräbernacht hinab –

BURLEIGH. Sei standhaft, große Königin. Lass nicht
Ein lobenswürdig menschliches Gefühl
Dich irreführen. Raube dir nicht selbst
Die Freiheit, das Notwendige zu tun.
Du **kannst** sie nicht begnadigen, **nicht** retten,
So lade nicht auf dich verhassten Tadel,
Dass du mit grausam höhnendem Triumph
Am Anblick deines Opfers dich geweidet.

LEICESTER. Lasst uns in unsern Schranken bleiben, Lords.
Die Königin ist weise, sie bedarf
Nicht unsers Rats, das Würdigste zu wählen.
Die Unterredung beider Königinnen
Hat nichts gemein mit des Gerichtes Gang.
Englands Gesetz, nicht der Monarchin Wille,
Verurteilt die Maria. Würdig ist's
Der großen Seele der Elisabeth,

---

[1] den französischen in der Tradition der Merowinger

Dass sie des Herzens schönem Triebe folge,
Wenn das Gesetz den strengen Lauf behält.
ELISABETH. Geht, meine Lords. Wir werden Mittel finden,
Was Gnade fodert, was Notwendigkeit
1570 Uns auferlegt, geziemend zu vereinen.
Jetzt – tretet ab!
(Die Lords gehen. An der Türe ruft sie den Mortimer zurück.) Sir Mortimer! Ein Wort!

Fünfter Auftritt

ELISABETH. MORTIMER.

ELISABETH *(nachdem sie ihn einige Augenblicke forschend mit den Augen gemessen[1]).*
Ihr zeigtet einen kecken Mut und seltne
Beherrschung Eurer selbst für Eure Jahre.
Wer schon so früh der Täuschung schwere Kunst
1575 Ausübte, der ist mündig vor der Zeit,
Und er verkürzt sich seine Prüfungsjahre.
– Auf eine große Bahn ruft Euch das Schicksal,
Ich prophezei es Euch, und mein Orakel[2]
Kann ich, zu Eurem Glücke! selbst vollziehn.
1580 MORTIMER. Erhabene Gebieterin, was ich
Vermag und bin, ist deinem Dienst gewidmet.
ELISABETH.
Ihr habt die Feinde Englands kennenlernen.
Ihr Hass ist unversöhnlich gegen mich,
Und unerschöpflich ihre Blutentwürfe.
1585 Bis diesen Tag zwar schützte mich die Allmacht,
Doch ewig wankt die Kron' auf meinem Haupt,
Solang sie lebt, die ihrem Schwärmereifer
Den Vorwand leiht und ihre Hoffnung nährt.
MORTIMER. Sie lebt nicht mehr, sobald du es gebietest.
1590 ELISABETH. Ach Sir! Ich glaubte mich am Ziele schon
Zu sehn und bin nicht weiter als am Anfang.
Ich wollte die Gesetze handeln lassen,

---

[1] gemustert
[2] mehrdeutige Weissagung

Die eigne Hand vom Blute rein behalten.
Das Urteil ist gesprochen. Was gewinn ich?
Es muss vollzogen werden, Mortimer!
Und ich muss die Vollziehung anbefehlen.
Mich immer trifft der Hass der Tat. Ich muss
Sie eingestehn, und kann den Schein nicht retten.
Das ist das Schlimmste!
MORTIMER.   Was bekümmert dich
Der böse Schein, bei der gerechten Sache?
ELISABETH.
Ihr kennt die Welt nicht, Ritter. Was man scheint,
Hat jedermann zum Richter, was man ist, hat keinen.
Von meinem Rechte überzeug ich niemand,
So muss ich Sorge tragen, dass mein Anteil
An ihrem Tod in ew'gem Zweifel bleibe.
Bei solchen Taten doppelter Gestalt
Gibt's keinen Schutz als in der Dunkelheit.
Der schlimmste Schritt ist, den man eingesteht,
Was man nicht aufgibt, hat man nie verloren.
MORTIMER *(ausforschend)*.
Dann wäre wohl das Beste –
ELISABETH *(schnell)*.   Freilich wär's
Das Beste – O mein guter Engel spricht
Aus Euch. Fahrt fort, vollendet, werter Sir!
Euch ist es ernst, Ihr dringet auf den Grund,
Seid ein ganz andrer Mann als Euer Oheim –
MORTIMER *(betroffen)*.
Entdecktest du dem Ritter deinen Wunsch?
ELISABETH. Mich reuet, dass ich's tat.
MORTIMER.   Entschuldige
Den alten Mann. Die Jahre machen ihn
Bedenklich. Solche Wagestücke fodern
Den kecken Mut der Jugend –
ELISABETH *(schnell)*.   Darf ich Euch –
MORTIMER. Die Hand will ich dir leihen, rette du
Den Namen, wie du kannst –
ELISABETH.   Ja, Sir! Wenn Ihr
Mich eines Morgens mit der Botschaft wecktet:
Maria Stuart, deine blut'ge Feindin,
Ist heute Nacht verschieden!

MORTIMER.   Zählt auf mich.
ELISABETH.
Wann wird mein Haupt sich ruhig schlafen legen?
MORTIMER. Der nächste Neumond ende deine Furcht.
ELISABETH.
– Gehabt Euch wohl, Sir! Lasst es Euch nicht leidtun,
Dass meine Dankbarkeit den Flor[1] der Nacht
Entlehnen muss – Das Schweigen ist der Gott
Der Glücklichen – die engsten Bande sind's,
Die zärtesten, die das Geheimnis stiftet! *(Sie geht ab.)*

Sechster Auftritt

MORTIMER allein.

Geh, falsche gleisnerische[2] Königin!
Wie du die Welt, so täusch ich dich. Recht ist's,
Dich zu verraten, eine gute Tat!
Seh ich aus wie ein Mörder? Lasest du
Ruchlose[3] Fertigkeit auf meiner Stirn?
Trau nur auf m e i n e n Arm und halte d e i n e n
Zurück, gib dir den frommen Heuchelschein
Der Gnade vor der Welt, indessen du
Geheim auf meine Mörderhilfe hoffst,
So werden wir zur Rettung Frist gewinnen!
Erhöhen willst du mich – zeigst mir von ferne
Bedeutend einen kostbarn Preis – Und wärst
Du selbst der Preis und deine Frauengunst!
Wer bist du Ärmste, und was kannst du geben?
Mich locket nicht des eiteln Ruhmes Geiz!
Bei ihr nur ist des Lebens Reiz –
Um sie, in ew'gem Freudenchore, schweben
Der Anmut Götter und der Jugendlust,
Das Glück der Himmel ist an ihrer Brust,
Du hast nur tote Güter zu vergeben!
Das e i n e Höchste, was das Leben schmückt,

---

[1] dünnes Stoffgewebe
[2] heuchlerische
[3] gemeine, niedrige

Wenn sich ein Herz, entzückend und entzückt,
Dem Herzen schenkt in süßem Selbstvergessen,
1655 Die Frauenkrone hast du nie besessen,
Nie hast du liebend einen Mann beglückt!
– Ich muss den Lord erwarten, ihren Brief
Ihm übergeben. Ein verhasster Auftrag!
Ich habe zu dem Höflinge[1] kein Herz,
1660 Ich selber kann sie retten, ich allein,
Gefahr und Ruhm und auch der Preis sei mein!
(Indem er gehen will, begegnet ihm Paulet.)

Siebenter Auftritt

MORTIMER. PAULET.

PAULET. Was sagte dir die Königin?
MORTIMER. Nichts, Sir.
Nichts – von Bedeutung.
PAULET *(fixiert ihn mit ernstem Blick).* Höre, Mortimer!
Es ist ein schlüpfrig glatter Grund, auf den
1665 Du dich begeben. Lockend ist die Gunst
Der Könige, nach Ehre geizt die Jugend.
– Lass dich den Ehrgeiz nicht verführen!
MORTIMER.
Wart Ihr's nicht selbst, der an den Hof mich brachte?
PAULET.
Ich wünschte, dass ich's nicht getan. Am Hofe
1670 Ward u n s e r s Hauses Ehre nicht gesammelt.
Steh fest, mein Neffe. Kaufe nicht zu teuer!
Verletze dein Gewissen nicht!
MORTIMER. Was fällt Euch ein? Was für Besorgnisse!
PAULET. Wie groß dich auch die Königin zu machen
1675 Verspricht – Trau ihrer Schmeichelrede nicht.
Verleugnen wird sie dich, wenn du gehorcht,
Und, ihren eignen Namen reinzuwaschen,
Die Bluttat rächen, die sie selbst befahl.

---

[1] Angehöriger der Hofgesellschaft, der in der Gunst des Fürsten steht und sich diese erhalten will

MORTIMER. Die Bluttat, sagt Ihr –
PAULET. Weg mit der Verstellung!
Ich weiß, was dir die Königin angesonnen,
Sie hofft, dass deine ruhmbegier'ge Jugend
Willfähr'ger[1] sein wird als mein starres Alter.
Hast du ihr zugesagt? Hast du?
MORTIMER. Mein Oheim!
PAULET. Wenn du's getan hast, so verfluch ich dich,
Und dich verwerfe –
LEICESTER *(kommt).* Werter Sir, erlaubt
Ein Wort mit Eurem Neffen. Die Monarchin
Ist gnadenvoll gesinnt für ihn, sie will,
Dass man ihm die Person der Lady Stuart
Uneingeschränkt vertraue – Sie verlässt sich
Auf seine Redlichkeit –
PAULET. Verlässt sich – Gut!
LEICESTER. Was sagt Ihr, Sir?
PAULET. Die Königin verlässt sich
Auf ihn, und ich, Mylord, verlasse mich
Auf mich und meine beiden offnen Augen.
(Er geht ab.)

Achter Auftritt

LEICESTER. MORTIMER.

LEICESTER *(verwundert).* Was wandelte den Ritter an?[2]
MORTIMER. Ich weiß es nicht – Das unerwartete
Vertrauen, das die Königin mir schenkt –
LEICESTER *(ihn forschend ansehend).*
Verdient Ihr, Ritter, dass man Euch vertraut?
MORTIMER *(ebenso).*
Die Frage tu ich Euch, Mylord von Leicester.
LEICESTER. Ihr hattet mir was in geheim zu sagen.
MORTIMER. Versichert mich erst, dass ich's wagen darf.
LEICESTER. Wer gibt mir die Versicherung für Euch?

---

[1] bereitwilliger
[2] Was überkam den Ritter?

– Lasst Euch mein Misstraun[1] nicht beleidigen!
Ich seh Euch zweierlei Gesichter zeigen
An diesem Hofe – Eins darunter ist
1705 Notwendig falsch, doch welches ist das wahre?
MORTIMER. Es geht mir ebenso mit Euch, Graf Leicester.
LEICESTER. Wer soll nun des Vertrauens Anfang machen?
MORTIMER. Wer das Geringere zu wagen hat.
LEICESTER. Nun! Der seid Ihr!
MORTIMER.   Ihr seid es! Euer Zeugnis,
1710 Des viel bedeutenden, gewalt'gen Lords,
Kann mich zu Boden schlagen, meins vermag
Nichts gegen Euren Rang und Eure Gunst.
LEICESTER. Ihr irrt Euch, Sir. In allem andern bin ich
Hier mächtig, nur in diesem zarten Punkt,
1715 Den ich jetzt Eurer Treu preisgeben soll,
Bin ich der schwächste Mann an diesem Hof,
Und ein verächtlich Zeugnis kann mich stürzen.
MORTIMER. Wenn sich der allvermögende Lord Leicester
So tief zu mir herunterlässt, ein solch
1720 Bekenntnis mir zu tun, so darf ich wohl
Ein wenig höher denken von mir selbst
Und ihm in Großmut ein Exempel[2] geben.
LEICESTER. Geht mir voran im Zutraun, ich will folgen.
MORTIMER *(den Brief schnell hervorziehend).*
Dies sendet Euch die Königin von Schottland.
LEICESTER *(schrickt zusammen und greift hastig darnach).*
1725 Sprecht leise, Sir – Was seh ich! Ach! Es ist
Ihr Bild!
(Küsst es und betrachtet es mit stummem Entzücken.)
MORTIMER *(der ihn während des Lesens scharf beobachtet).*
Mylord, nun glaub ich Euch!
LEICESTER *(nachdem er den Brief schnell durchlaufen).*
Sir Mortimer! Ihr wisst des Briefes Inhalt?

---

[1] durch mein Misstrauen
[2] Beispiel

MORTIMER. Nichts weiß ich.
LEICESTER.   Nun! Sie hat Euch ohne Zweifel
    Vertraut –
MORTIMER. Sie hat mir nichts vertraut. Ihr würdet
1730   Dies Rätsel mir erklären, sagte sie.
    Ein Rätsel ist es mir, dass Graf von Leicester,
    Der Günstling der Elisabeth, Mariens
    Erklärter Feind und ihrer Richter einer,
    Der Mann sein soll, von dem die Königin
1735   In ihrem Unglück Rettung hofft – Und dennoch
    Muss dem so sein, denn Eure Augen sprechen
    Zu deutlich aus, was Ihr für sie empfindet.
LEICESTER.
    Entdeckt mir selbst erst, wie es kommt, dass Ihr
    Den feur'gen Anteil nehmt an ihrem Schicksal,
    Und was Euch ihr Vertraun erwarb.
1740 MORTIMER.   Mylord,
    Das kann ich Euch mit Wenigem erklären.
    Ich habe meinen Glauben abgeschworen
    Zu Rom und steh im Bündnis mit den Guisen.
    Ein Brief des Erzbischofs zu Reims hat mich
1745   Beglaubigt bei der Königin von Schottland.
LEICESTER. Ich weiß von Eurer Glaubensänderung,
    Sie ist's, die mein Vertrauen zu Euch weckte.
    Gebt mir die Hand. Verzeiht mir meinen Zweifel.
    Ich kann der Vorsicht nicht zu viel gebrauchen,
1750   Denn Walsingham und Burleigh hassen mich,
    Ich weiß, dass sie mir laurend Netze stellen.
    Ihr konntet ihr Geschöpf und Werkzeug sein,
    Mich in das Garn zu ziehn –
MORTIMER.   Wie kleine Schritte
    Geht ein so großer Lord an diesem Hof!
    Graf! Ich beklag Euch.
1755 LEICESTER.   Freudig werf ich mich
    An die vertraute Freundesbrust, wo ich
    Des langen Zwangs mich endlich kann entladen.
    Ihr seid verwundert, Sir, dass ich so schnell
    Das Herz geändert gegen die Maria.
1760   Zwar in der Tat hasst ich sie nie – der Zwang
    Der Zeiten machte mich zu ihrem Gegner.

Sie war mir zugedacht[1] seit langen Jahren,
Ihr wisst's, eh sie die Hand dem Darnley gab,
Als noch der Glanz der Hoheit sie umlachte.
1765 Kalt stieß ich damals dieses Glück von mir,
Jetzt im Gefängnis, an des Todes Pforten
Such ich sie auf, und mit Gefahr des Lebens.
MORTIMER. Das heißt großmütig handeln!
LEICESTER.   – Die Gestalt
Der Dinge, Sir, hat sich indes verändert.
1770 Mein Ehrgeiz war es, der mich gegen Jugend
Und Schönheit fühllos machte. Damals hielt ich
Mariens Hand für mich zu klein, ich hoffte
Auf den Besitz der Königin von England.
MORTIMER.
    Es ist bekannt, dass sie Euch allen Männern
    Vorzog –
1775 LEICESTER.   So schien es, edler Sir – Und nun, nach zehn
Verlornen Jahren unverdrossnen Werbens,
Verhassten Zwangs – O Sir, mein Herz geht auf!
Ich muss des langen Unmuts mich entladen –
Man preist mich glücklich – wüsste man, was es
1780 Für Ketten sind, um die man mich beneidet –
Nachdem ich zehen bittre Jahre lang
Dem Götzen ihrer Eitelkeit geopfert,
Mich jedem Wechsel ihrer Sultanslaunen
Mit Sklavendemut unterwarf, das Spielzeug
1785 Des kleinen grillenhaften[2] Eigensinns,
Geliebkost jetzt von ihrer Zärtlichkeit,
Und jetzt mit sprödem Stolz zurückgestoßen,
Von ihrer Gunst und Strenge gleich gepeinigt,
Wie ein Gefangener vom Argusblick[3]
1790 Der Eifersucht gehütet, ins Verhör
Genommen wie ein Knabe, wie ein Diener
Gescholten – O die Sprache hat kein Wort
Für diese Hölle!

---

[1] von Elisabeth
[2] launischen
[3] In der griechischen Mythologie ist der ganze Körper des Wächters Argos mit Augen bedeckt, die er nie alle gleichzeitig schließt.

MORTIMER. Ich beklag Euch, Graf.
LEICESTER.
 Täuscht mich am Ziel der Preis! Ein andrer kommt,
1795 Die Frucht des teuren Werbens mir zu rauben.
An einen jungen blühenden Gemahl
Verlier ich meine lang besessnen Rechte,
Heruntersteigen soll ich von der Bühne,
Wo ich so lange als der Erste glänzte.
1800 Nicht ihre Hand allein, auch ihre Gunst
Droht mir der neue Ankömmling zu rauben.
Sie ist ein Weib, und er ist liebenswert.
MORTIMER. Er ist Kathrinens[1] Sohn. In guter Schule
Hat er des Schmeichelns Künste ausgelernt.
1805 LEICESTER. So stürzen meine Hoffnungen – ich suche
In diesem Schiffbruch meines Glücks ein Brett
Zu fassen – und mein Auge wendet sich
Der ersten schönen Hoffnung wieder zu.
Mariens Bild, in ihrer Reize Glanz,
1810 Stand neu vor mir, Schönheit und Jugend traten
In ihre vollen Rechte wieder ein,
Nicht kalter Ehrgeiz mehr, das Herz verglich,
Und ich empfand, welch Kleinod ich verloren.
Mit Schrecken seh ich sie in tiefes Elend
1815 Herabgestürzt, gestürzt durch mein Verschulden.
Da wird in mir die Hoffnung wach, ob ich
Sie jetzt noch retten könnte und besitzen.
Durch eine treue Hand gelingt es mir,
Ihr mein verändert Herz zu offenbaren,
1820 Und dieser Brief, den Ihr mir überbracht,
Versichert mir, dass sie verzeiht, sich mir
Zum Preise schenken will, wenn ich sie rette.
MORTIMER. Ihr tatet aber nichts zu ihrer Rettung!
Ihr ließt geschehn, dass sie verurteilt wurde,
1825 Gabt Eure Stimme selbst zu ihrem Tod!
Ein Wunder muss geschehn – Der Wahrheit Licht
Muss mich, den Neffen ihres Hüters, rühren,
Im Vatikan zu Rom muss ihr der Himmel

---

[1] Katharinas von Medici

Den unverhofften Retter zubereiten,
1830 Sonst fand sie nicht einmal den Weg zu Euch!
LEICESTER. Ach, Sir, es hat mir Qualen gnug gekostet!
Um selbe Zeit ward sie von Talbots Schloss
Nach Fotheringhay weggeführt, der strengen
Gewahrsam Eures Oheims anvertraut.
1835 Gehemmt ward jeder Weg zu ihr, ich musste
Fortfahren vor der Welt, sie zu verfolgen.
Doch denket nicht, dass ich sie leidend hätte
Zum Tode gehen lassen! Nein, ich hoffte
Und hoffe noch, das Äußerste zu hindern,
1840 Bis sich ein Mittel zeigt, sie zu befrein.
MORTIMER. Das ist gefunden – Leicester, Euer edles
Vertraun verdient Erwiderung. I c h will sie
Befreien, darum bin ich hier, die Anstalt[1]
Ist schon getroffen, Euer mächt'ger Beistand
1845 Versichert uns den glücklichen Erfolg.
LEICESTER.
Was sagt Ihr? Ihr erschreckt mich. Wie? Ihr wolltet –
MORTIMER. Gewaltsam auftun will ich ihren Kerker,
Ich hab Gefährten, alles ist bereit –
LEICESTER. Ihr habt Mitwisser und Vertraute! Weh mir!
1850 In welches Wagnis reißt Ihr mich hinein!
Und diese wissen auch um m e i n Geheimnis?
MORTIMER.
Sorgt nicht. Der Plan ward ohne Euch entworfen,
Ohn Euch wär er vollstreckt, bestünde s i e
Nicht drauf, E u c h ihre Rettung zu verdanken.
LEICESTER.
1855 So könnt Ihr mich für ganz gewiss versichern,
Dass in dem Bund mein Name nicht genannt ist?
MORTIMER.
Verlasst Euch drauf! Wie? So bedenklich, Graf,
Bei einer Botschaft, die Euch Hilfe bringt!
Ihr wollt die Stuart retten und besitzen,
1860 Ihr findet Freunde, plötzlich, unerwartet,
Vom Himmel fallen Euch die nächsten Mittel –
Doch zeigt Ihr mehr Verlegenheit als Freude?

---

[1] Vorbereitung

LEICESTER. Es ist nichts mit Gewalt. Das Wagestück
   Ist zu gefährlich.
MORTIMER.   Auch das Säumen ist's!
LEICESTER. Ich sag Euch, Ritter, es ist nicht zu wagen.
MORTIMER *(bitter).*
   Nein, nicht für Euch, der sie besitzen will!
   Wir wollen sie bloß retten und sind nicht so
   Bedenklich –
LEICESTER.   Junger Mann, Ihr seid zu rasch
   In so gefährlich dornenvoller Sache.
MORTIMER. Ihr – sehr bedacht in solchem Fall der Ehre.
LEICESTER. Ich seh die Netze, die uns rings umgeben.
MORTIMER. Ich fühle Mut, sie alle zu durchreißen.
LEICESTER. Tollkühnheit, Raserei ist dieser Mut.
MORTIMER. Nicht Tapferkeit ist diese Klugheit, Lord.
LEICESTER. Euch lüstet's wohl, wie Babington zu enden?
MORTIMER.
   Euch nicht, des Norfolks Großmut nachzuahmen.
LEICESTER. Norfolk hat seine Braut nicht heimgeführt.
MORTIMER. Er hat bewiesen, dass er's würdig war.
LEICESTER. Wenn wir verderben, reißen wir sie nach.
MORTIMER.
   Wenn wir uns schonen, wird sie nicht gerettet.
LEICESTER. Ihr überlegt nicht, hört nicht, werdet alles
   Mit heftig blindem Ungestüm zerstören,
   Was auf so guten Weg geleitet war.
MORTIMER. Wohl auf den guten Weg, den Ihr gebahnt?
   Was habt Ihr denn getan, um sie zu retten?
   – Und wie? Wenn ich nun Bube[1] gnug gewesen,
   Sie zu ermorden, wie die Königin
   Mir anbefahl, wie sie zu dieser Stunde
   Von mir erwartet – Nennt mir doch die Anstalt,
   Die Ihr gemacht, ihr Leben zu erhalten.
LEICESTER *(erstaunt).*
   Gab Euch die Königin diesen Blutbefehl?
MORTIMER. Sie irrte sich in mir, wie sich Maria
   In Euch.
LEICESTER.   Und Ihr habt zugesagt? Habt Ihr?

---

[1] Schurke

MORTIMER. Damit sie andre Hände nicht erkaufe,
  Bot ich die meinen an.
LEICESTER.   Ihr tatet wohl.
  Dies kann uns Raum verschaffen. Sie verlässt sich
  Auf Euren blut'gen Dienst, das Todesurteil
  Bleibt unvollstreckt, und wir gewinnen Zeit –
MORTIMER *(ungeduldig).*
  Nein, wir verlieren Zeit!
LEICESTER.   Sie zählt auf Euch,
  So minder wird sie Anstand nehmen[1], sich
  Den Schein der Gnade vor der Welt zu geben.
  Vielleicht, dass ich durch List sie überrede,
  Das Angesicht der Gegnerin zu sehn,
  Und dieser Schritt muss ihr die Hände binden.
  Burleigh hat Recht. Das Urteil kann nicht mehr
  Vollzogen werden, wenn sie sie gesehn.
  – Ja ich versuch es, alles biet ich auf –
MORTIMER. Und was erreicht Ihr dadurch? Wenn sie sich
  In mir getäuscht sieht, wenn Maria fortfährt
  Zu leben – Ist nicht alles wie zuvor?
  Frei wird sie niemals! Auch das Mildeste,
  Was kommen kann, ist ewiges Gefängnis.
  Mit einer kühnen Tat müsst Ihr doch enden,
  Warum wollt Ihr nicht gleich damit beginnen?
  In Euren Händen ist die Macht, Ihr bringt
  Ein Heer zusammen, wenn Ihr nur den Adel
  Auf Euren vielen Schlössern waffnen wollt!
  Maria hat noch viel verborgne Freunde,
  Der Howard und der Percy edle Häuser,
  Ob ihre Häupter gleich gestürzt[2], sind noch
  An Helden reich, sie harren nur darauf,
  Dass ein gewalt'ger Lord das Beispiel gebe!
  Weg mit Verstellung! Handelt öffentlich!
  Verteidigt als ein Ritter die Geliebte,
  Kämpft einen edeln Kampf um sie. Ihr seid
  Herr der Person der Königin von England,

---

[1] umso weniger wird sie Bedenken haben
[2] alte englische Adelsfamilien, deren Oberhäupter hingerichtet wurden (vgl. Anm. 1 auf S. 9 und S. 162f. im Anhang)

Sobald Ihr wollt. Lockt sie auf Eure Schlösser,
Sie ist Euch oft dahin gefolgt. Dort zeigt ihr
Den Mann! Sprecht als Gebieter! Haltet sie
Verwahrt, bis sie die Stuart freigegeben!
LEICESTER. Ich staune, ich entsetze mich – Wohin
Reißt Euch der Schwindel? – Kennt Ihr diesen Boden?
Wisst Ihr, wie's steht an diesem Hof, wie eng
Dies Frauenreich die Geister hat gebunden?
Sucht nach dem Heldengeist, der ehmals wohl
In diesem Land sich regte – Unterworfen
Ist alles, unterm Schlüssel eines Weibes,
Und jedes Mutes Federn[1] abgespannt.
Folgt meiner Leitung. Wagt nichts unbedachtsam.
– Ich höre kommen, geht.
MORTIMER.   Maria hofft!
Kehr ich mit leerem Trost zu ihr zurück?
LEICESTER. Bringt ihr die Schwüre meiner ew'gen Liebe!
MORTIMER.
Bringt ihr die selbst! Zum Werkzeug ihrer Rettung
Bot ich mich an, nicht Euch zum Liebesboten!
(Er geht ab.)

Neunter Auftritt

ELISABETH. LEICESTER.

ELISABETH.
Wer ging da von Euch weg? Ich hörte sprechen.
LEICESTER *(sich auf ihre Rede schnell und erschrocken umwendend)*. Es war Sir Mortimer.
ELISABETH.   Was ist Euch, Lord?
So ganz betreten?
LEICESTER *(fasst sich)*. – Über deinen Anblick!
Ich habe dich so reizend nie gesehn,
Geblendet steh ich da von deiner Schönheit.
– Ach!

---

[1] Triebfedern

ELISABETH. Warum seufzt Ihr?
LEICESTER. Hab ich keinen Grund,
Zu seufzen? Da ich deinen Reiz betrachte,
Erneut sich mir der namenlose Schmerz
Des drohenden Verlustes.
ELISABETH. Was verliert Ihr?
LEICESTER.
Dein Herz, dein liebenswürdig Selbst verlier ich.
1955 Bald wirst du in den jugendlichen Armen
Des feurigen Gemahls dich glücklich fühlen,
Und ungeteilt wird er dein Herz besitzen.
Er ist von königlichem Blut, das bin
Ich nicht, doch Trotz sei aller Welt geboten,
1960 Ob einer lebt auf diesem Erdenrund,
Der mehr Anbetung für dich fühlt als ich.
Der Duc von Anjou hat dich nie gesehn,
Nur deinen Ruhm und Schimmer[1] kann er lieben.
Ich liebe dich. Wärst du die ärmste Hirtin,
1965 Ich als der größte Fürst der Welt geboren,
Zu deinem Stand würd ich heruntersteigen,
Mein Diadem[2] zu deinen Füßen legen.
ELISABETH.
Beklag mich, Dudley, schilt mich nicht – Ich darf ja
Mein Herz nicht fragen. Ach! das hätte anders
1970 Gewählt. Und wie beneid ich andre Weiber,
Die das erhöhen dürfen, was sie lieben.
So glücklich bin ich nicht, dass ich dem Manne,
Der mir vor allen teuer ist, die Krone
Aufsetzen kann! – Der Stuart ward's vergönnt,
1975 Die Hand nach ihrer Neigung zu verschenken,
Die hat sich Jegliches erlaubt, sie hat
Den vollen Kelch der Freuden ausgetrunken.
LEICESTER.
Jetzt trinkt sie auch den bittern Kelch des Leidens.
ELISABETH. Sie hat der Menschen Urteil nichts geachtet.
1980 Leicht wurd es ihr zu leben, nimmer lud sie

---

[1] schwacher Glanz
[2] kostbarer Stirnreif, Stirnkrone

> Das Joch¹ sich auf, dem i c h mich unterwarf.
> Hätt ich doch auch Ansprüche machen können,
> Des Lebens mich, der Erde Lust zu freun,
> Doch zog ich strenge Königspflichten vor.
> 1985 Und doch gewann sie aller Männer Gunst,
> Weil sie sich nur befliss², ein Weib zu sein,
> Und um sie buhlt³ die Jugend und das Alter.
> So sind die Männer. Lüstlinge sind alle!
> Dem Leichtsinn eilen sie, der Freude zu,
> 1990 Und schätzen nichts, was sie verehren müssen.
> Verjüngte sich nicht dieser Talbot selbst,
> Als er auf ihren Reiz zu reden kam!
>
> LEICESTER. Vergib es ihm. Er war ihr Wächter einst,
> Die List'ge hat mit Schmeicheln ihn betört.
>
> ELISABETH.
> 1995 Und ist's denn wirklich wahr, dass sie so schön ist?
> So oft musst ich die Larve rühmen hören,
> Wohl möcht ich wissen, was zu glauben ist.
> Gemälde schmeicheln, Schilderungen lügen,
> Nur meinen eignen Augen würd ich traun.
> – Was schaut Ihr mich so seltsam an?
>
> 2000 LEICESTER.   Ich stellte
> Dich in Gedanken neben die Maria.
> – Die Freude wünscht ich mir, ich berg⁴ es nicht,
> Wenn es ganz in geheim geschehen könnte,
> Der Stuart gegenüber dich zu sehn!
> 2005 Dann solltest du erst deines ganzen Siegs
> Genießen! Die Beschämung gönnt ich ihr,
> Dass sie mit eignen Augen – denn der Neid
> Hat scharfe Augen – überzeugt sich sähe,
> Wie sehr sie auch an Adel der Gestalt
> 2010 Von dir besiegt wird, der sie so unendlich
> In jeder andern würd'gen Tugend weicht.
>
> ELISABETH. Sie ist die Jüngere an Jahren.

---

1. auf Stirn oder Nacken drückendes, ursprünglich aus einem Holzbalken hergestelltes Zuggeschirr bei Ochsen- oder Kuhgespannen
2. befleißen: sich um etwas bemühen
3. wirbt
4. verberg

LEICESTER. Jünger!
Man sieht's ihr nicht an. Freilich ihre Leiden!
Sie mag wohl vor der Zeit gealtert haben.
Ja, und was ihre Kränkung bittrer machte,
Das wäre, dich als Braut zu sehn! Sie hat
Des Lebens schöne Hoffnung hinter sich,
Dich sähe sie dem Glück entgegenschreiten!
Und als die Braut des Königssohns von Frankreich,
Da sie sich stets so viel gewusst, so stolz
Getan mit der französischen Vermählung,
Noch jetzt auf Frankreichs mächt'ge Hilfe pocht!
ELISABETH *(nachlässig hinwerfend).*
Man peinigt mich ja, sie zu sehn.
LEICESTER *(lebhaft).* Sie fodert's
Als eine Gunst, gewähr es ihr als Strafe!
Du kannst sie auf das Blutgerüste führen,
Es wird sie minder peinigen, als sich
Von deinen Reizen ausgelöscht zu sehn.
Dadurch ermordest du sie, wie sie dich
Ermorden wollte – Wenn sie deine Schönheit
Erblickt, durch Ehrbarkeit bewacht, in Glorie[1]
Gestellt durch einen unbefleckten Tugendruf,
Den s i e, leichtsinnig buhlend, von sich warf,
Erhoben durch der Krone Glanz, und jetzt
Durch zarte Bräutlichkeit geschmückt – dann hat
Die Stunde der Vernichtung ihr geschlagen.
Ja – wenn ich jetzt die Augen auf dich werfe –
Nie warst du, nie zu einem Sieg der Schönheit
Gerüsteter als eben jetzt – Mich selbst
Hast du umstrahlt wie eine Lichterscheinung,
Als du vorhin ins Zimmer tratest – Wie?
Wenn du gleich jetzt, jetzt wie du bist, hinträtest
Vor sie, du findest keine schönre Stunde –
ELISABETH. Jetzt – Nein – Nein – Jetzt nicht, Leicester –
Nein, das muss ich
Erst wohl bedenken – mich mit Burleigh –
LEICESTER *(lebhaft einfallend).* Burleigh!
Der denkt allein auf deinen Staatsvorteil,

---

[1] Glanz

Auch deine Weiblichkeit hat ihre Rechte,
Der zarte Punkt gehört vor d e i n Gericht,
Nicht vor des Staatsmanns – ja auch Staatskunst will es,
Dass du sie siehst, die öffentliche Meinung
Durch eine Tat der Großmut dir gewinnest!
Magst du nachher dich der verhassten Feindin,
Auf welche Weise dir's gefällt, entladen.

ELISABETH. Nicht wohlanständig wär mir's, die Verwandte
Im Mangel und in Schmach zu sehn. Man sagt,
Dass sie nicht königlich umgeben sei,
Vorwerfend wär mir ihres Mangels Anblick.

LEICESTER. Nicht ihrer Schwelle brauchst du dich zu nahn.
Hör meinen Rat. Der Zufall hat es eben
Nach Wunsch gefügt. Heut ist das große Jagen,
An Fotheringhay führt der Weg vorbei,
Dort kann die Stuart sich im Park ergehn,
Du kommst ganz wie von ohngefähr dahin,
Es darf nichts als vorher bedacht erscheinen,
Und wenn es dir zuwider, redest du
Sie gar nicht an –

ELISABETH.   Begeh ich eine Torheit,
So ist es Eure, Leicester, nicht die meine.
Ich will Euch heute keinen Wunsch versagen,
Weil ich von meinen Untertanen allen
Euch heut am wehesten getan.
(Ihn zärtlich ansehend.)
Sei's eine Grille[1] nur von Euch. Dadurch
Gibt Neigung sich ja kund, dass sie bewilligt
Aus freier Gunst, was sie auch nicht gebilligt.
(Leicester stürzt zu ihren Füßen, der Vorhang fällt.)

---

[1] Laune

Dritter Aufzug

Gegend in einem Park. Vorn mit Bäumen besetzt, hinten eine weite Aussicht.

Erster Auftritt

MARIA *tritt in schnellem Lauf hinter Bäumen hervor.*
HANNA KENNEDY *folgt langsam.*

KENNEDY. Ihr eilet ja, als wenn Ihr Flügel hättet,
So kann ich Euch nicht folgen, wartet doch!
2075 MARIA. Lass mich der neuen Freiheit genießen,
Lass mich ein Kind sein, sei es mit!
Und auf dem grünen Teppich der Wiesen
Prüfen den leichten, geflügelten Schritt.
Bin ich dem finstern Gefängnis entstiegen,
2080 Hält sie mich nicht mehr, die traurige Gruft?
Lass mich in vollen, in durstigen Zügen
Trinken die freie, die himmlische Luft.
KENNEDY. O meine teure Lady! Euer Kerker
Ist nur um ein klein Weniges erweitert.
2085 Ihr seht nur nicht die Mauer, die uns einschließt,
Weil sie der Bäume dicht Gesträuch versteckt.
MARIA.
O Dank, Dank diesen freundlich grünen Bäumen,
Die meines Kerkers Mauern mir verstecken!
Ich will mich frei und glücklich träumen,
2090 Warum aus meinem süßen Wahn mich wecken?
Umfängt mich nicht der weite Himmelsschoß?
Die Blicke, frei und fessellos,
Ergehen sich in ungemessnen Räumen.
Dort, wo die grauen Nebelberge ragen,
2095 Fängt meines Reiches Grenze an,
Und diese Wolken, die nach Mittag[1] jagen,
Sie suchen Frankreichs fernen Ozean.
  Eilende Wolken! Segler der Lüfte!

---

[1] Süden

Wer mit euch wanderte, mit euch schiffte!
Grüßet mir freundlich mein Jugendland!
Ich bin gefangen, ich bin in Banden,
Ach, ich hab keinen andern Gesandten!
Frei in Lüften ist eure Bahn,
Ihr seid nicht dieser Königin untertan.

KENNEDY. Ach, teure Lady! Ihr seid außer Euch,
Die lang entbehrte Freiheit macht Euch schwärmen.

MARIA. Dort legt ein Fischer den Nachen an[1]!
Dieses elende Werkzeug könnte mich retten,
Brächte mich schnell zu befreundeten Städten.
Spärlich nährt es den dürftigen Mann.
Beladen wollt ich ihn reich mit Schätzen,
Einen Zug sollt er tun, wie er keinen getan,
Das Glück sollt er finden in seinen Netzen,
Nähm er mich ein in den rettenden Kahn.

KENNEDY. Verlorne Wünsche! Seht Ihr nicht, dass uns
Von ferne dort die Spähertritte folgen?
Ein finster grausames Verbot scheucht jedes
Mitleidige Geschöpf aus unserm Wege.

MARIA. Nein, gute Hanna. Glaub mir, nicht umsonst
Ist meines Kerkers Tor geöffnet worden.
Die kleine Gunst ist mir des größern Glücks
Verkünderin. Ich irre nicht. Es ist
Der Liebe tät'ge Hand, der ich sie danke.
Lord Leicesters mächt'gen Arm erkenn ich drin.
Allmählich will man mein Gefängnis weiten,
Durch Kleineres zum Größern mich gewöhnen,
Bis ich das Antlitz dessen endlich schaue,
Der mir die Bande löst auf immerdar.

KENNEDY.
Ach, ich kann diesen Widerspruch nicht reimen!
Noch gestern kündigt man den Tod Euch an,
Und heute wird Euch plötzlich solche Freiheit.
Auch denen, hört ich sagen, wird die Kette
Gelöst, auf die die ew'ge Freiheit wartet.

---

[1] Maria floh nach der Niederlage in der Schlacht bei Langside in einem Fischerboot nach England (vgl. S. 161 im Anhang).

MARIA. Hörst du das Hifthorn[1]? Hörst du's klingen,
Mächtigen Rufes, durch Feld und Hain?
Ach, auf das mutige Ross mich zu schwingen,
An den fröhlichen Zug mich zu reihn!
Noch mehr! O die bekannte Stimme,
Schmerzlich süßer Erinnerung voll.
Oft vernahm sie mein Ohr mit Freuden,
Auf des Hochlands bergigten Heiden,
Wenn die tobende Jagd erscholl.

Zweiter Auftritt

PAULET. DIE VORIGEN.

PAULET. Nun! Hab ich's endlich recht gemacht, Mylady?
Verdien ich einmal Euern Dank?
MARIA.   Wie, Ritter?
Seid Ihr's, der diese Gunst mir ausgewirkt?
Ihr seid's?
PAULET.   Warum soll ich's nicht sein? Ich war
Am Hof, ich überbrachte Euer Schreiben –
MARIA. Ihr übergabt es? Wirklich, tatet Ihr's?
Und diese Freiheit, die ich jetzt genieße,
Ist eine Frucht des Briefs –
PAULET *(mit Bedeutung).*   Und nicht die einz'ge!
Macht Euch auf eine größre noch gefasst.
MARIA. Auf eine größre, Sir? Was meint Ihr damit?
PAULET. Ihr hörtet doch die Hörner –
MARIA *(zurückfahrend, mit Ahndung).*
Ihr erschreckt mich!
PAULET. Die Königin jagt in dieser Gegend.
MARIA.   Was?
PAULET. In wenig Augenblicken steht sie vor Euch.
KENNEDY *(auf Maria zueilend, welche zittert und hinzusinken droht).*
Wie wird Euch, teure Lady! Ihr verblasst.
PAULET.
Nun? Ist's nun nicht recht? War's nicht Eure Bitte?

---
[1] Jagdhorn

Sie wird Euch früher gewährt, als Ihr gedacht.
Ihr wart sonst immer so geschwinder Zunge,
2160 Jetzt bringet Eure Worte an, jetzt ist
Der Augenblick zu reden!
MARIA. O warum hat man mich nicht vorbereitet!
Jetzt bin ich nicht darauf gefasst, jetzt nicht.
Was ich mir als die höchste Gunst erbeten,
2165 Dünkt mir jetzt schrecklich, fürchterlich – Komm, Hanna,
Führ mich ins Haus, dass ich mich fasse, mich
Erhole –
PAULET.   Bleibt. Ihr müsst sie hier erwarten.
Wohl, wohl mag's Euch beängstigen, ich glaub's,
Vor Eurem Richter zu erscheinen.

Dritter Auftritt

GRAF SHREWSBURY *zu den* VORIGEN.

2170 MARIA. Es ist nicht darum! Gott, mir ist ganz anders
Zumut – Ach edler Shrewsbury! Ihr kommt,
Vom Himmel mir ein Engel zugesendet!
– Ich kann sie nicht sehn! Rettet, rettet mich
Von dem verhassten Anblick –
SHREWSBURY.
2175 Kommt zu Euch, Königin! Fasst Euren Mut
Zusammen. Das ist die entscheidungsvolle Stunde.
MARIA. Ich habe drauf geharret – jahrelang
Mich drauf bereitet, alles hab ich mir
Gesagt und ins Gedächtnis eingeschrieben,
2180 Wie ich sie rühren wollte und bewegen!
Vergessen plötzlich, ausgelöscht ist alles,
Nichts lebt in mir in diesem Augenblick
Als meiner Leiden brennendes Gefühl.
In blut'gen Hass gewendet wider sie
2185 Ist mir das Herz, es fliehen alle guten

Gedanken, und die Schlangenhaare schüttelnd
Umstehen mich die finstern Höllengeister[1].
SHREWSBURY. Gebietet Eurem wild empörten Blut,
Bezwingt des Herzens Bitterkeit! Es bringt
2190 Nicht gute Frucht, wenn Hass dem Hass begegnet.
Wie sehr auch Euer Innres widerstrebe,
Gehorcht der Zeit und dem Gesetz der Stunde!
Sie ist die Mächtige – demütigt Euch!
MARIA. Vor ihr! Ich kann es nimmermehr.
SHREWSBURY.   Tut's dennoch!
2195 Sprecht ehrerbietig, mit Gelassenheit!
Ruft ihre Großmut an, trotzt nicht, jetzt nicht
Auf Euer Recht, jetzo ist nicht die Stunde.
MARIA. Ach mein Verderben hab ich mir erfleht,
Und mir zum Fluche wird mein Flehn erhört!
2200 Nie hätten wir uns sehen sollen, niemals!
Daraus kann nimmer, nimmer Gutes kommen!
Eh mögen Feur und Wasser sich in Liebe
Begegnen und das Lamm den Tiger küssen –
Ich bin zu schwer verletzt – sie hat zu schwer
2205 Beleidigt – Nie ist zwischen uns Versöhnung!
SHREWSBURY. Seht sie nur erst von Angesicht!
Ich sah es ja, wie sie von Eurem Brief
Erschüttert war, ihr Auge schwamm in Tränen.
Nein, sie ist nicht gefühllos, hegt Ihr selbst
2010 Nur besseres Vertrauen – Darum eben
Bin ich vorausgeeilt, damit ich Euch
In Fassung setzen und ermahnen möchte.
MARIA *(seine Hand ergreifend)*.
Ach Talbot! Ihr wart stets mein Freund – dass ich
In Eurer milden Haft geblieben wäre!
2215 Es ward mir hart begegnet, Shrewsbury!
SHREWSBURY. Vergesst jetzt alles. Darauf denkt allein,
Wie Ihr sie unterwürfig wollt empfangen.
MARIA. Ist Burleigh auch mit ihr, mein böser Engel?

---

[1] die Erinnyen (griech.) oder Furien (lat.); Rachegöttinnen aus der Unterwelt, die Mörder verfolgen (vgl. Schillers Ballade „Die Kraniche des Ibykus")

SHREWSBURY. Niemand begleitet sie als Graf von Leicester.
MARIA. Lord Leicester!
2220 SHREWSBURY. Fürchtet nichts von ihm. Nicht e r
Will Euren Untergang – Sein Werk ist es,
Dass Euch die Königin die Zusammenkunft
Bewilligt.
MARIA. Ach! Ich wusst es wohl!
SHREWSBURY. Was sagt Ihr?
PAULET. Die Königin kommt!
(Alles weicht auf die Seite; nur Maria bleibt, auf die Kennedy gelehnt.)

Vierter Auftritt

DIE VORIGEN. ELISABETH. GRAF LEICESTER. GEFOLGE.

ELISABETH *(zu Leicester).*
Wie heißt der Landsitz?
2225 LEICESTER. Fotheringhayschloss.
ELISABETH *(zu Shrewsbury).*
Schickt unser Jagdgefolg voraus nach London,
Das Volk drängt allzu heftig in den Straßen,
Wir suchen Schutz in diesem stillen Park.
(Talbot entfernt das Gefolge. Sie fixiert mit den Augen die Maria, indem sie zu Leicester[1] weiterspricht.)
Mein gutes Volk liebt mich zu sehr. Unmäßig,
2230 Abgöttisch sind die Zeichen seiner Freude,
So ehrt man einen Gott, nicht einen Menschen.
MARIA *(welche diese Zeit über halb ohnmächtig auf die Amme gelehnt war, erhebt sich jetzt und ihr Auge begegnet dem gespannten Blick der Elisabeth. Sie schaudert zusammen und wirft sich wieder an der Amme Brust).*
O Gott, aus diesen Zügen spricht kein Herz!

---

[1] Die erste Buchausgabe nennt an dieser Stelle „Paulet". Der Fehler wurde im Leipzig-Dresdner Theatermanuskript korrigiert, das handschriftliche Eintragungen in die Buchausgabe enthält.

ELISABETH. Wer ist die Lady?
(Ein allgemeines Schweigen.)
LEICESTER. – Du bist zu Fotheringhay, Königin.
ELISABETH *(stellt sich überrascht und erstaunt, einen finstern Blick auf Leicestern richtend).*
2235 Wer hat mir das getan? Lord Leicester!
LEICESTER. Es ist geschehen, Königin – Und nun
Der Himmel deinen Schritt hieher gelenkt,
So lass die Großmut und das Mitleid siegen.
SHREWSBURY. Lass dich erbitten, königliche Frau,
2240 Dein Aug auf die Unglückliche zu richten,
Die hier vergeht vor deinem Anblick.
(Maria rafft sich zusammen und will auf die Elisabeth zugehen, steht aber auf halbem Weg schaudernd still, ihre Gebärden drücken den heftigsten Kampf aus.)
ELISABETH. Wie, Mylords?
Wer war es denn, der eine Tiefgebeugte
Mir angekündigt? Eine Stolze find ich,
Vom Unglück keineswegs geschmeidigt.
MARIA. Sei's!
2245 Ich will mich auch noch diesem unterwerfen.
Fahr hin, ohnmächt'ger Stolz der edeln Seele!
Ich will vergessen, wer ich bin und was
Ich litt, ich will vor ihr mich niederwerfen,
Die mich in diese Schmach herunterstieß.
(Sie wendet sich gegen die Königin.)
2250 Der Himmel hat für Euch entschieden, Schwester!
Gekrönt vom Sieg ist Euer glücklich Haupt,
Die G o t t h e i t bet ich an, die Euch erhöhte!
(Sie fällt vor ihr nieder.)
Doch seid auch I h r nun edelmütig, Schwester!
Lasst mich nicht schmachvoll liegen, Eure Hand
2255 Streckt aus, reicht mir die königliche Rechte,
Mich zu erheben von dem tiefen Fall.
ELISABETH *(zurücktretend).*
Ihr seid an Eurem Platz, Lady Maria!
Und dankend preis ich meines Gottes Gnade,
Der nicht gewollt, dass ich zu Euren Füßen
2260 So liegen sollte, wie Ihr jetzt zu meinen.

MARIA *(mit steigendem Affekt[1]).*
Denkt an den Wechsel alles Menschlichen!
Es leben Götter, die den Hochmut rächen!
Verehret, fürchtet sie, die schrecklichen,
Die mich zu Euren Füßen niederstürzen –
Um dieser fremden Zeugen willen, ehrt
In mir Euch selbst, entweihet, schändet nicht
Das Blut der Tudor, das in meinen Adern
Wie in den Euren fließt – O Gott im Himmel!
Steht nicht da, schroff und unzugänglich, wie
Die Felsenklippe, die der Strandende
Vergeblich ringend zu erfassen strebt.
Mein Alles hängt, mein Leben, mein Geschick,
An meiner Worte, meiner Tränen Kraft,
Löst m i r das Herz, dass ich das Eure rühre!
Wenn Ihr mich anschaut mit dem Eisesblick,
Schließt sich das Herz mir schaudernd zu, der Strom
Der Tränen stockt und kaltes Grausen fesselt
Die Flehensworte mir im Busen an.

ELISABETH *(kalt und streng).*
Was habt Ihr mir zu sagen, Lady Stuart?
Ihr habt mich sprechen wollen. Ich vergesse
Die Königin, die schwer beleidigte,
Die fromme Pflicht der Schwester zu erfüllen,
Und meines Anblicks Trost gewähr ich Euch.
Dem Trieb der Großmut folg ich, setze mich
Gerechtem Tadel aus, dass ich so weit
Heruntersteige – denn Ihr wisst,
Dass Ihr mich habt ermorden lassen wollen.

MARIA. Womit soll ich den Anfang machen, wie
Die Worte klüglich stellen, dass sie Euch
Das Herz ergreifen, aber nicht verletzen!
O Gott, gib meiner Rede Kraft, und nimm
Ihr jeden Stachel, der verwunden könnte!
Kann ich doch für mich selbst nicht sprechen, ohne Euch
Schwer zu verklagen, und das will ich nicht.
– Ihr habt an mir gehandelt, wie nicht recht ist,

---

[1] Erregung

Denn ich bin eine Königin wie Ihr,
Und Ihr habt als Gefangne mich gehalten,
Ich kam zu Euch als eine Bittende,
Und Ihr, des Gastrechts heilige Gesetze,
Der Völker heilig Recht in mir verhöhnend,
Schlosst mich in Kerkermauern ein, die Freunde,
Die Diener werden grausam mir entrissen,
Unwürd'gem Mangel werd ich preisgegeben,
Man stellt mich vor ein schimpfliches Gericht –
Nichts mehr davon! Ein ewiges Vergessen
Bedecke, was ich Grausames erlitt.
— Seht! Ich will alles eine Schickung[1] nennen,
I h r seid nicht schuldig, i c h bin auch nicht schuldig,
Ein böser Geist stieg aus dem Abgrund auf,
Den Hass in unsern Herzen zu entzünden,
Der unsre zarte Jugend schon entzweit.
Er wuchs mit uns, und böse Menschen fachten
Der unglücksel'gen Flamme Atem zu.
Wahnsinn'ge Eiferer bewaffneten
Mit Schwert und Dolch die unberufne Hand –
Das ist das Fluchgeschick der Könige,
Dass sie, entzweit, die Welt in Hass zerreißen,
Und jeder Zwietracht Furien entfesseln.
— Jetzt ist kein fremder Mund mehr zwischen uns,
(nähert sich ihr zutraulich und mit schmeichelndem Ton)
Wir stehn einander selbst nun gegenüber.
Jetzt, Schwester, redet! Nennt mir meine Schuld,
Ich will Euch völliges Genügen leisten.
Ach, dass Ihr damals mir Gehör geschenkt,
Als ich so dringend Euer Auge suchte!
Es wäre nie so weit gekommen, nicht
An diesem traur'gen Ort geschähe jetzt
Die unglückselig traurige Begegnung.

ELISABETH. Mein guter Stern bewahrte mich davor,
Die Natter an den Busen mir zu legen.
— Nicht die Geschicke, Euer schwarzes Herz
Klagt an, die wilde Ehrsucht Eures Hauses.

---

[1] Schicksal

Nichts Feindliches war zwischen uns geschehn,
Da kündigte mir Euer Ohm, der stolze,
Herrschwüt'ge Priester[1], der die freche Hand
Nach allen Kronen streckt, die Fehde[2] an,
Betörte Euch, mein Wappen anzunehmen,
Euch meine Königstitel zuzueignen,
Auf Tod und Leben in den Kampf mit mir
Zu gehn – Wen rief er gegen mich nicht auf?
Der Priester Zungen und der Völker Schwert,
Des frommen Wahnsinns fürchterliche Waffen,
Hier selbst, im Friedenssitze meines Reichs,
Blies er mir der Empörung Flammen an –
Doch Gott ist mit mir, und der stolze Priester
Behält das Feld nicht – Meinem Haupte war
Der Streich gedrohet, und das Eure fällt!
MARIA. Ich steh in Gottes Hand. Ihr werdet Euch
So blutig Eurer Macht nicht überheben[3] –
ELISABETH. Wer soll mich hindern? Euer Oheim gab
Das Beispiel allen Königen der Welt,
Wie man mit seinen Feinden Frieden macht,
Die Sankt Barthelemi[4] sei meine Schule!
Was ist mir Blutsverwandtschaft, Völkerrecht?
Die Kirche trennet aller Pflichten Band,
Den Treubruch heiligt sie, den Königsmord,
Ich übe[5] nur, was Eure Priester lehren.
Sagt! Welches Pfand gewährte[6] mir für Euch,
Wenn ich großmütig Eure Bande löste?
Mit welchem Schloss verwahr ich Eure Treue,
Das nicht Sankt Peters Schlüssel[7] öffnen kann?

---

[1] der Kardinal von Lothringen (vgl. V. 387 und die Anm. dazu auf S. 20)
[2] kriegerische Auseinandersetzung, um Rechtsansprüche durchzusetzen
[3] überheblich rühmen
[4] In der Bartholomäusnacht zum 24. August 1572 wurden in Frankreich auf Befehl Katharinas von Medici Tausende von protestantischen Hugenotten ermordet.
[5] tue
[6] böte Gewähr
[7] Kennzeichen des Petrus; hier: die Maßnahmen des Papstes und der katholischen Kirche

Gewalt nur ist die einz'ge Sicherheit,
Kein Bündnis ist mit dem Gezücht der Schlangen[1].
MARIA. O das ist Euer traurig finstrer Argwohn!
Ihr habt mich stets als eine Feindin nur
Und Fremdlingin betrachtet. Hättet Ihr
Zu Eurer Erbin mich erklärt, wie mir
Gebührt, so hätten Dankbarkeit und Liebe
Euch eine treue Freundin und Verwandte
In mir erhalten.
ELISABETH. Draußen, Lady Stuart,
Ist Eure Freundschaft, Euer Haus das Papsttum,
Der Mönch ist Euer Bruder – Euch, zur Erbin
Erklären! Der verräterische Fallstrick!
Dass Ihr bei meinem Leben noch mein Volk
Verführtet, eine listige Armida[2]
Die edle Jugend meines Königreichs
In Eurem Buhlernetze schlau verstricket –
Dass alles sich der neu aufgehnden Sonne
Zuwendete, und ich –
MARIA. Regiert in Frieden!
Jedwedem Anspruch auf dies Reich entsag ich.
Ach, meines Geistes Schwingen sind gelähmt,
Nicht Größe lockt mich mehr – Ihr habt's erreicht,
Ich bin nur noch der Schatten der Maria.
Gebrochen ist in langer Kerkerschmach
Der edle Mut – Ihr habt das Äußerste an mir
Getan, habt mich zerstört in meiner Blüte!
– Jetzt macht ein Ende, Schwester. Sprecht es aus,
Das Wort, um dessentwillen Ihr gekommen,
Denn nimmer will ich glauben, dass Ihr kamt,
Um Euer Opfer grausam zu verhöhnen.
Sprecht dieses Wort aus. Sagt mir: „Ihr seid frei,
Maria! Meine Macht habt Ihr gefühlt,
Jetzt lernet meinen Edelmut verehren."
Sagt's, und ich will mein Leben, meine Freiheit

---

[1] vgl. die Predigt des Johannes in Matthäus 3, V. 7, und Lukas 3, V. 7
[2] Frauengestalt aus dem Versepos „Das befreite Jerusalem" von Torquato Tasso und Sinnbild der schönen, bezaubernden Frau, deren Verführungskraft die Feinde schwächt

Als ein Geschenk aus Eurer Hand empfangen.
– Ein Wort macht alles ungeschehn. Ich warte
Darauf. O lasst mich's nicht zu lang erharren[1]!
Weh Euch, wenn Ihr mit diesem Wort nicht endet!
Denn wenn Ihr jetzt nicht segenbringend, herrlich,
Wie eine Gottheit von mir scheidet – Schwester!
Nicht um dies ganze reiche Eiland, nicht
Um alle Länder, die das Meer umfasst,
Möcht ich vor Euch so stehn wie Ihr vor mir!

ELISABETH. Bekennt Ihr endlich Euch für überwunden?
Ist's aus mit Euren Ränken[2]? Ist kein Mörder
Mehr unterweges? Will kein Abenteurer
Für Euch die traur'ge Ritterschaft mehr wagen?
– Ja, es ist aus, Lady Maria. Ihr verführt
Mir keinen mehr. Die Welt hat andre Sorgen.
Es lüstet keinen, Euer – vierter Mann
Zu werden, denn Ihr tötet Eure Freier
Wie Eure Männer!

MARIA *(auffahrend).* Schwester! Schwester!
O Gott! Gott! Gib mir Mäßigung!

ELISABETH *(sieht sie lange mit einem Blick stolzer Verachtung an).*
Das also sind die Reizungen, Lord Leicester,
Die ungestraft kein Mann erblickt, daneben
Kein andres Weib sich wagen darf zu stellen!
Fürwahr! Der Ruhm war wohlfeil[3] zu erlangen,
Es kostet nichts, die a l l g e m e i n e Schönheit
Zu sein, als die g e m e i n e sein für a l l e!

MARIA. Das ist zu viel!

ELISABETH *(höhnisch lachend).* Jetzt zeigt Ihr Euer wahres
Gesicht, bis jetzt war's nur die Larve.

MARIA *(von Zorn glühend, doch mit einer edeln Würde).*
Ich habe menschlich, jugendlich gefehlt,
Die Macht verführte mich, ich hab es nicht
Verheimlicht und verborgen, falschen Schein

---

[1] erwarten
[2] Intrigen
[3] billig

Hab ich verschmäht mit königlichem Freimut[1].
Das Ärgste weiß die Welt von mir und ich
Kann sagen, ich bin besser als mein Ruf.
Weh Euch, wenn sie von Euren Taten einst
Den Ehrenmantel zieht, womit Ihr gleißend[2]
Die wilde Glut verstohlner Lüste deckt.
Nicht Ehrbarkeit habt Ihr von Eurer Mutter
Geerbt, man weiß, um welcher Tugend willen
Anna von Boleyn das Schafott bestiegen[3].

SHREWSBURY *(tritt zwischen beide Königinnen).*
O Gott des Himmels! Muss es dahin kommen!
Ist das die Mäßigung, die Unterwerfung,
Lady Maria?

MARIA.   Mäßigung! Ich habe
Ertragen, was ein Mensch ertragen kann.
Fahr hin, lammherzige Gelassenheit,
Zum Himmel fliehe, leidende Geduld,
Spreng endlich deine Bande, tritt hervor
Aus deiner Höhle, lang verhaltner Groll –
Und du, der dem gereizten Basilisk[4]
Den Mordblick gab, leg auf die Zunge mir
Den gift'gen Pfeil –

SHREWSBURY.   O sie ist außer sich!
Verzeih der Rasenden, der schwer Gereizten!
(Elisabeth, für Zorn sprachlos, schießt wütende Blicke auf Marien.)

LEICESTER *(in der heftigsten Unruhe, sucht die Elisabeth hinwegzuführen).*   Höre
Die Wütende nicht an! Hinweg, hinweg
Von diesem unglücksel'gen Ort!

MARIA. Der Thron von England ist durch einen Bastard
Entweiht, der Briten edelherzig Volk
Durch eine list'ge Gauklerin betrogen.

---

[1] Offenheit
[2] glänzend
[3] Sie soll Ehebruch begangen haben. Der Vorwurf war wahrscheinlich jedoch nur ein Vorwand Heinrichs VIII., um ein zweites Scheidungsverfahren zu vermeiden.
[4] Fabelwesen, dessen Blick tötet

2450 – Regierte Recht, so läget Ihr vor mir
Im Staube jetzt, denn ich bin Euer König.
(Elisabeth geht schnell ab, die Lords folgen ihr in der höchsten Bestürzung.)

Fünfter Auftritt

MARIA. KENNEDY.

KENNEDY. O was habt Ihr getan! Sie geht in Wut!
Jetzt ist es aus und alle Hoffnung schwindet.
MARIA *(noch ganz außer sich)*.
Sie geht in Wut! Sie trägt den Tod im Herzen!
(Der Kennedy um den Hals fallend.)
2455 O wie mir wohl ist, Hanna! Endlich, endlich
Nach Jahren der Erniedrigung, der Leiden,
Ein Augenblick der Rache, des Triumphs!
Wie Bergeslasten fällt's von meinem Herzen,
Das Messer stieß ich in der Feindin Brust.
KENNEDY.
2460 Unglückliche! Der Wahnsinn reißt Euch hin,
Ihr habt die Unversöhnliche verwundet.
Sie führt den Blitz, sie ist die Königin,
Vor ihrem Buhlen habt Ihr sie verhöhnt!
MARIA. Vor Leicesters Augen hab ich sie erniedrigt!
2465 Er sah es, er bezeugte meinen Sieg!
Wie ich sie niederschlug von ihrer Höhe,
Er stand dabei, mich stärkte seine Nähe!

Sechster Auftritt

MORTIMER *zu den* VORIGEN.

KENNEDY. O Sir! Welch ein Erfolg –
MORTIMER.   Ich hörte alles.
(Gibt der Amme ein Zeichen, sich auf ihren Posten zu begeben, und tritt näher. Sein ganzes Wesen drückt eine heftige leidenschaftliche Stimmung aus.)

Du hast gesiegt! Du tratst sie in den Staub,
2470 Du warst die Königin, s i e der Verbrecher.
Ich bin entzückt von deinem Mut, ich bete
Dich an, wie eine Göttin groß und herrlich
Erscheinst du mir in diesem Augenblick.
MARIA. Ihr spracht mit Leicestern, überbrachtet ihm
2475 Mein Schreiben, mein Geschenk – O redet, Sir!
MORTIMER *(mit glühenden Blicken sie betrachtend).*
Wie dich der edle königliche Zorn
Umglänzte, deine Reize mir verklärte!
Du bist das schönste Weib auf dieser Erde!
MARIA. Ich bitt Euch, Sir! Stillt meine Ungeduld.
2480 Was spricht Mylord? O sagt, was darf ich hoffen?
MORTIMER. Wer? Er? Das ist ein Feiger, Elender!
Hofft nichts von ihm, verachtet ihn, vergesst ihn!
MARIA. Was sagt Ihr?
MORTIMER. Er Euch retten und besitzen!
Er Euch! Er soll es wagen! Er! Mit mir
2485 Muss er auf Tod und Leben darum kämpfen!
MARIA. Ihr habt ihm meinen Brief nicht übergeben?
– O dann ist's aus!
MORTIMER. Der Feige liebt das Leben.
Wer dich will retten und die Seine nennen,
Der muss den Tod beherzt umarmen können.
MARIA. Er will nichts für mich tun!
2490 MORTIMER. Nichts mehr von ihm!
Was kann e r tun, und was bedarf man sein?
Ich will dich retten, ich allein!
MARIA. Ach, was vermögt Ihr!
MORTIMER. Täuschet Euch nicht mehr,
Als ob es noch wie gestern mit Euch stünde!
2495 So wie die Königin jetzt von Euch ging,
Wie dies Gespräch sich wendete, ist alles
Verloren, jeder Gnadenweg gesperrt.
Der Ta t bedarf's jetzt, K ü h n h e i t muss entscheiden,
Für alles werde alles frisch gewagt,
2500 Frei müsst Ihr sein, noch eh der Morgen tagt.
MARIA. Was sprecht Ihr? Diese Nacht! Wie ist das möglich?
MORTIMER.
Hört, was beschlossen ist. Versammelt hab ich

In heimlicher Kapelle die Gefährten,
Ein Priester hörte unsre Beichte an,
2505 Ablass[1] ist uns erteilt für alle Schulden[2],
Die wir begingen, Ablass im Voraus
Für alle, die wir noch begehen werden.
Das letzte Sakrament[3] empfingen wir,
Und fertig sind wir zu der letzten Reise.
2510 MARIA. O welche fürchterliche Vorbereitung!
  MORTIMER. Dies Schloss ersteigen wir in dieser Nacht,
Der Schlüssel bin ich mächtig[4]. Wir ermorden
Die Hüter, reißen dich aus deiner Kammer
Gewaltsam, sterben muss von unsrer Hand,
2515 Dass niemand überbleibe, der den Raub
Verraten könne, jede lebende Seele.
  MARIA. Und Drury, Paulet, meine Kerkermeister?
O eher werden sie ihr letztes Blut –
  MORTIMER. Von meinem Dolche fallen sie zuerst!
2520 MARIA. Was? Euer Oheim, Euer zweiter Vater?
  MORTIMER. Von meinen Händen stirbt er. Ich ermord ihn.
  MARIA. O blut'ger Frevel!
  MORTIMER.   Alle Frevel sind
Vergeben im Voraus. Ich kann das Ärgste
Begehen, und ich will's.
  MARIA.   O schrecklich, schrecklich!
  MORTIMER.
2525 Und müsst ich auch die Königin durchbohren,
Ich hab es auf die Hostie geschworen.
  MARIA. Nein, Mortimer! Eh so viel Blut um mich –
  MORTIMER. Was ist mir alles Leben gegen d i c h
Und meine Liebe! Mag der Welten Band
2530 Sich lösen, eine zweite Wasserflut
Herwogend alles Atmende verschlingen!
– Ich achte nichts mehr! Eh ich dir entsage,
Eh nahe sich das Ende aller Tage.

---

[1] Vergebung
[2] Schuld
[3] christliches Zeichen göttlicher Gnade
[4] die Schlüssel stehen mir zur Verfügung

MARIA *(zurücktretend).*
Gott! Welche Sprache, Sir, und – welche Blicke!
– Sie schrecken, sie verscheuchen mich.
MORTIMER *(mit irren Blicken und im Ausdruck des stillen*
Wahnsinns). Das Leben ist
Nur ein Moment, der Tod ist auch nur einer!
– Man schleife mich nach Tyburn[1], Glied für Glied
Zerreiße man mit glühnder Eisenzange,
(indem er heftig auf sie zugeht, mit ausgebreiteten Armen)
Wenn ich dich, Heißgeliebte, umfange –
MARIA *(zurücktretend).*
Unsinniger, zurück –
MORTIMER. An dieser Brust,
Auf diesem Liebe atmenden Munde –
MARIA. Um Gotteswillen, Sir! Lasst mich hineingehn!
MORTIMER. Der ist ein Rasender, der nicht das Glück
Festhält in unauflöslicher Umarmung,
Wenn es ein Gott in seine Hand gegeben.
Ich will dich retten, kost' es tausend Leben,
Ich rette dich, ich will es, doch so wahr
Gott lebt! Ich schwör's, ich will dich auch besitzen.
MARIA. O will kein Gott, kein Engel mich beschützen!
Furchtbares Schicksal! Grimmig schleuderst du
Von einem Schrecknis mich dem andern zu.
Bin ich geboren, nur die Wut zu wecken?
Verschwört sich Hass und Liebe, mich zu schrecken?
MORTIMER. Ja glühend, wie sie hassen, lieb ich dich!
Sie wollen dich enthaupten, diesen Hals,
Den blendend weißen, mit dem Beil durchschneiden.
O weihe du dem Lebensgott der Freuden,
Was du dem Hasse blutig opfern musst.
Mit diesen Reizen, die nicht dein mehr sind,
Beselige den glücklichen Geliebten.
Die schöne Locke, dieses seidne Haar,
Verfallen schon den finstern Todesmächten,
Gebrauch's, den Sklaven ewig zu umflechten!

---

[1] Schauplatz der Hinrichtungen in London

MARIA. O welche Sprache muss ich hören! Sir!
Mein Unglück sollt Euch heilig sein, mein Leiden,
Wenn es mein königliches Haupt nicht ist.
MORTIMER. Die Krone ist von deinem Haupt gefallen,
Du hast nichts mehr von ird'scher Majestät,
Versuch es, lass dein Herrscherwort erschallen,
Ob dir ein Freund, ein Retter aufersteht.
Nichts blieb dir als die rührende Gestalt,
Der hohen Schönheit göttliche Gewalt,
Die lässt mich alles wagen und vermögen[1],
Die treibt dem Beil des Henkers mich entgegen –
MARIA. O wer errettet mich von seiner Wut!
MORTIMER.
Verwegner Dienst belohnt sich auch verwegen!
Warum versprützt der Tapfere sein Blut?
Ist Leben doch des Lebens höchstes Gut!
Ein Rasender, der es umsonst verschleudert!
Erst will ich ruhn an seiner wärmsten Brust –
(Er presst sie heftig an sich.)
MARIA. O muss ich Hülfe rufen gegen den Mann,
Der mein Erretter –
MORTIMER.   Du bist nicht gefühllos,
Nicht kalter Strenge klagt die Welt dich an,
Dich kann die heiße Liebesbitte rühren,
Du hast den Sänger Rizzio beglückt,
Und jener Bothwell durfte dich entführen.
MARIA. Vermessener!
MORTIMER.   Er war nur dein Tyrann!
Du zittertest vor ihm, da du ihn liebtest!
Wenn nur der Schrecken dich gewinnen kann,
Beim Gott der Hölle! –
MARIA.   Lasst mich! Raset Ihr?
MORTIMER. Erzittern sollst du auch vor mir!
KENNEDY *(hereinstürzend)*.
Man naht. Man kommt. Bewaffnet Volk erfüllt
Den ganzen Garten.
MORTIMER *(auffahrend und zum Degen greifend)*.
                    Ich beschütze dich.

---

[1] ins Werk setzen

MARIA. O Hanna! Rette mich aus seinen Händen!
Wo find ich Ärmste einen Zufluchtsort?
Zu welchem Heiligen soll ich mich wenden?
Hier ist Gewalt und drinnen ist der Mord.
(Sie flieht dem Hause zu, Kennedy folgt.)

Siebenter Auftritt

> MORTIMER. PAULET *und* DRURY, *welche außer sich hereinstürzen.* GEFOLGE *eilt über die Szene.*

PAULET. Verschließt die Pforten. Zieht die Brücken auf!
MORTIMER. Oheim, was ist's?
PAULET.   Wo ist die Mörderin?
Hinab mit ihr ins finsterste Gefängnis!
MORTIMER. Was gibt's? Was ist geschehn?
PAULET.   Die Königin!
Verfluchte Hände! Teuflisches Erkühnen!
MORTIMER. Die Königin! Welche Königin?
PAULET.   Von England!
Sie ist ermordet auf der Londner Straßen!
(Eilt ins Haus.)

Achter Auftritt

> MORTIMER. *Gleich darauf* OKELLY.

MORTIMER.
Bin ich im Wahnwitz? Kam nicht eben jemand
Vorbei und rief: Die Königin sei ermordet?
Nein, nein, mir träumte nur. Ein Fieberwahn
Bringt mir als wahr und wirklich vor den Sinn,
Was die Gedanken grässlich mir erfüllt.
Wer kommt? Es ist Okell'. So schreckenvoll!
OKELLY *(hereinstürzend).*
Flieht, Mortimer! Flieht. Alles ist verloren.
MORTIMER. Was ist verloren?
OKELLY.   Fragt nicht lange. Denkt
Auf schnelle Flucht.

MORTIMER. Was gibt's denn?
OKELLY. Sauvage[1] führte
   Den Streich, der Rasende.
MORTIMER. So ist es wahr?
OKELLY. Wahr, wahr! O rettet Euch!
MORTIMER. Sie ist ermordet,
   Und auf den Thron von England steigt Maria!
OKELLY. Ermordet! Wer sagt das?
MORTIMER. Ihr selbst!
OKELLY. Sie lebt!
   Und ich und Ihr, wir alle sind des Todes.
MORTIMER. Sie lebt!
OKELLY. Der Stoß ging fehl, der Mantel fing ihn auf,
   Und Shrewsbury entwaffnete den Mörder.
MORTIMER. Sie lebt!
OKELLY. Lebt, um uns alle zu verderben!
   Kommt, man umzingelt schon den Park.
MORTIMER. Wer hat
   Das Rasende getan?
OKELLY. Der Barnabit[2]
   Aus Toulon[3] war's, den Ihr in der Kapelle
   Tiefsinnig sitzen saht, als uns der Mönch
   Das Anathem[4] ausdeutete, worin
   Der Papst die Königin mit dem Fluch belegt.
   Das Nächste, Kürzeste wollt er ergreifen,
   Mit einem kecken Streich die Kirche Gottes
   Befrein, die Martyrkrone[5] sich erwerben,
   Dem Priester nur vertraut' er seine Tat,
   Und auf dem Londner Weg ward sie vollbracht.
MORTIMER *(nach einem langen Stillschweigen)*.
   Oh dich verfolgt ein grimmig wütend Schicksal,
   Unglückliche! Jetzt – ja jetzt musst du sterben,
   Dein Engel selbst bereitet deinen Fall.

---

[1] Er gehörte eigentlich zur Babington-Verschwörung.
[2] Mitglied im Chorherrenorden der Barnabiten, so bezeichnet nach einer dem Hl. Barnabas geweihten Mailänder Kirche. Hier ist der Attentäter Sauvage gemeint.
[3] französische Stadt am Mittelmeer
[4] Kirchenbann
[5] Krone eines Märtyrers

OKELLY. Sagt! Wohin wendet Ihr die Flucht? Ich gehe,
  Mich in des Nordens Wäldern zu verbergen.
MORTIMER. Flieht hin und Gott geleite Eure Flucht!
  Ich bleibe. Noch versuch ich's, sie zu retten,
  Wo nicht, auf ihrem Sarge mir[1] zu betten.
  (Gehen ab zu verschiedenen Seiten.)

---

[1] mich

Vierter Aufzug

Vorzimmer.

Erster Auftritt

GRAF AUBESPINE. KENT *und* LEICESTER.

AUBESPINE. Wie steht's um Ihro Majestät? Mylords,
Ihr seht mich noch ganz außer mir für[1] Schrecken.
Wie ging das zu? Wie konnte das in Mitte
Des allertreusten Volks geschehen?
LEICESTER.   Es geschah
2645   Durch keinen aus dem Volke. Der es tat,
War Eures Königs Untertan, ein Franke[2].
AUBESPINE. Ein Rasender gewisslich.
KENT.   Ein Papist,
Graf Aubespine!

Zweiter Auftritt

VORIGE. BURLEIGH *im Gespräch mit* DAVISON.

BURLEIGH.   Sogleich muss der Befehl
Zur Hinrichtung verfasst und mit dem Siegel
2650   Versehen werden – Wenn er ausgefertigt,
Wird er der Königin zur Unterschrift
Gebracht. Geht! Keine Zeit ist zu verlieren.
DAVISON. Es soll geschehn. *(Geht ab.)*
AUBESPINE *(Burleigh entgegen).*
                              Mylord, mein treues Herz
Teilt die gerechte Freude dieser Insel.
2655   Lob sei dem Himmel, der den Mörderstreich
Gewehrt von diesem königlichen Haupt!

---

[1] vor
[2] Franzose

BURLEIGH. Er sei gelobt, der unsrer Feinde Bosheit
   Zuschanden machte!
AUBESPINE. Mög ihn Gott verdammen,
   Den Täter dieser fluchenswerten Tat!
BURLEIGH. Den Täter und den schändlichen Erfinder.
AUBESPINE *(zu Kent)*.
   Gefällt es Eurer Herrlichkeit, Lordmarschall,
   Bei Ihro Majestät mich einzuführen,
   Dass ich den Glückwunsch meines Herrn und Königs
   Zu ihren Füßen schuldigst niederlege –
BURLEIGH. Bemüht Euch nicht, Graf Aubespine.
AUBESPINE *(offizios[1])*. Ich weiß,
   Lord Burleigh, was mir obliegt.
BURLEIGH. Euch liegt ob,
   Die Insel auf das Schleunigste zu räumen.
AUBESPINE *(tritt erstaunt zurück)*.
   Was! Wie ist das!
BURLEIGH. Der heilige Charakter[2]
   Beschützt Euch heute noch und morgen nicht mehr.
AUBESPINE. Und was ist mein Verbrechen?
BURLEIGH. Wenn ich es
   G e n a n n t, so ist es nicht mehr zu vergeben.
AUBESPINE. Ich hoffe, Lord, das Recht der Abgesandten –
BURLEIGH. Schützt – Reichsverräter nicht.
LEICESTER *und* KENT. Ha! Was ist das!
AUBESPINE. Mylord,
   Bedenkt Ihr wohl –
BURLEIGH. Ein Pass, von Eurer Hand
   Geschrieben, fand sich in des Mörders Tasche.
KENT. Ist's möglich?
AUBESPINE. Viele Pässe teil ich aus,
   Ich kann der Menschen Innres nicht erforschen.
BURLEIGH. In Eurem Hause beichtete der Mörder.
AUBESPINE. Mein Haus ist offen.
BURLEIGH. Jedem Feinde Englands.
AUBESPINE. Ich fodre Untersuchung.
BURLEIGH. Fürchtet sie!

---
[1] amtlich, feierlich
[2] der Schutz der Gesandten

AUBESPINE. In meinem Haupt ist mein Monarch verletzt[1],
Zerreißen wird er das geschlossne Bündnis.
BURLEIGH. Zerrissen schon hat es die Königin,
England wird sich mit Frankreich nicht vermählen.
2685 Mylord von Kent! Ihr übernehmet es,
Den Grafen sicher an das Meer zu bringen.
Das aufgebrachte Volk hat sein Hotel[2]
Gestürmt, wo sich ein ganzes Arsenal[3]
Von Waffen fand, es droht ihn zu zerreißen,
2690 Wie er sich zeigt; verberget ihn, bis sich
Die Wut gelegt – Ihr haftet für sein Leben!
AUBESPINE. Ich gehe, ich verlasse dieses Land,
Wo man der Völker Recht mit Füßen tritt
Und mit Verträgen spielt – doch mein Monarch
Wird blut'ge Rechenschaft –
2695 BURLEIGH.   Er hole sie!
(Kent und Aubespine gehen ab.)

Dritter Auftritt

LEICESTER *und* BURLEIGH.

LEICESTER. So löst Ihr selbst das Bündnis wieder auf,
Das Ihr geschäftig unberufen knüpftet.
Ihr habt um England wenig Dank verdient,
Mylord, die Mühe konntet Ihr Euch sparen.
BURLEIGH.
2700 Mein Zweck war gut. Gott leitete es anders.
Wohl dem, der sich nichts Schlimmeres bewusst ist!
LEICESTER. Man kennt Cecils geheimnisreiche Miene,
Wenn er die Jagd auf Staatsverbrechen macht.
– Jetzt, Lord, ist eine gute Zeit für Euch.
2705 Ein ungeheurer Frevel ist geschehn,
Und noch umhüllt Geheimnis seine Täter.

---

[1] mit mir verletzt ihr zugleich meinen König
[2] Botschaftsgebäude
[3] Lager

Jetzt wird ein Inquisitionsgericht[1]
Eröffnet. Wort und Blicke werden abgewogen,
Gedanken selber vor Gericht gestellt.
2710 Da seid I h r der allwicht'ge Mann, der Atlas[2]
Des Staats, ganz England liegt auf Euren Schultern.
BURLEIGH. In Euch, Mylord, erkenn ich meinen Meister,
Denn solchen Sieg, als Eure Rednerkunst
Erfocht, hat meine nie davongetragen.
2715 LEICESTER. Was meint Ihr damit, Lord?
BURLEIGH. Ihr wart es doch, der hinter meinem Rücken
Die Königin nach Fotheringhayschloss
Zu locken wusste?
LEICESTER. Hinter Eurem Rücken!
Wann scheuten meine Taten Eure Stirn?
2720 BURLEIGH. Die Königin hättet I h r nach Fotheringhay
Geführt? Nicht doch! Ihr habt die K ö n i g i n
Nicht hingeführt! – Die Königin war es,
Die so gefällig war, E u c h hinzuführen.
LEICESTER. Was wollt Ihr damit sagen, Lord?
BURLEIGH. Die edle
2725 Person, die Ihr die Königin dort spielen ließt!
Der herrliche Triumph, den Ihr der arglos
Vertrauenden bereitet – Güt'ge Fürstin!
So schamlos frech verspottete man dich,
So schonungslos wardst du dahingegeben!
2730 – Das also ist die Großmut und die Milde,
Die Euch im Staatsrat plötzlich angewandelt!
Darum ist diese Stuart ein so schwacher,
Verachtungswerter Feind, dass es der Müh
Nicht lohnt, mit ihrem Blut sich zu beflecken!
2735 Ein feiner Plan! Fein zugespitzt! Nur schade,
Zu fein geschärfet, dass die Spitze brach!
LEICESTER.
Nichtswürdiger! Gleich folgt mir! An dem Throne
Der Königin sollt Ihr mir Rede stehn.

---

[1] strenges Gericht
[2] Titanensohn und Bruder des Prometheus, der im Westen das Himmelsgewölbe auf seinen Schultern trägt (vgl. Atlantis, Atlantischer Ozean)

BURLEIGH. Dort trefft Ihr mich – Und sehet zu, Mylord,
2740 Dass Euch dort die Beredsamkeit nicht fehle!
(Geht ab.)

Vierter Auftritt

LEICESTER *allein, darauf* MORTIMER.

LEICESTER.
Ich bin entdeckt, ich bin durchschaut – Wie kam
Der Unglückselige auf meine Spuren!
Weh mir, wenn er Beweise hat! Erfährt
Die Königin, dass zwischen mir und der Maria
2745 Verständnisse gewesen – Gott! Wie schuldig
Steh ich vor ihr! Wie hinterlistig treulos
Erscheint mein Rat, mein unglückseliges
Bemühn, nach Fotheringhay sie zu führen!
Grausam verspottet sieht sie sich von mir,
2750 An die verhasste Feindin sich verraten!
O nimmer, nimmer kann sie das verzeihn!
Vorher bedacht wird alles nun erscheinen,
Auch diese bittre Wendung des Gesprächs,
Der Gegnerin Triumph und Hohngelächter,
2755 Ja selbst die Mörderhand, die blutig schrecklich,
Ein unerwartet ungeheures Schicksal,
Dazwischenkam, werd i c h bewaffnet haben!
Nicht Rettung seh ich, nirgends! Ha! Wer kommt!
MORTIMER *(kommt in der heftigsten Unruhe und blickt scheu umher).*
Graf Leicester! Seid Ihr's? Sind wir ohne Zeugen?
2760 LEICESTER. Unglücklicher, hinweg! Was sucht Ihr hier?
MORTIMER. Man ist auf unsrer Spur, auf Eurer auch,
Nehmt Euch in Acht!
LEICESTER. Hinweg, hinweg!
MORTIMER. Man weiß,
Dass bei dem Grafen Aubespine geheime
Versammlung war –

LEICESTER. Was kümmert's mich!
MORTIMER.   Dass sich der Mörder
  Dabei befunden –
LEICESTER.   Das ist Eure Sache!
  Verwegener! Was unterfangt Ihr Euch,
  In Euren blut'gen Frevel m i c h zu flechten?
  Verteidigt Eure bösen Händel selbst!
MORTIMER. So hört mich doch nur an.
LEICESTER *(in heftigem Zorn).*   Geht in die Hölle!
  Was hängt Ihr Euch, gleich einem bösen Geist,
  An meine Fersen! Fort! Ich kenn Euch nicht,
  Ich habe nichts gemein mit Meuchelmördern.
MORTIMER.
  Ihr wollt nicht hören. Euch zu warnen komm ich,
  Auch Eure Schritte sind verraten –
LEICESTER.   Ha!
MORTIMER. Der Großschatzmeister war zu Fotheringhay,
  Sogleich nachdem die Unglückstat geschehn war,
  Der Königin Zimmer wurden streng durchsucht,
  Da fand sich –
LEICESTER.   Was?
MORTIMER.   Ein angefangner Brief
  Der Königin an Euch –
LEICESTER.   Die Unglücksel'ge!
MORTIMER. Worin sie Euch auffordert, Wort zu halten,
  Euch das Versprechen ihrer Hand erneuert,
  Des Bildnisses gedenkt –
LEICESTER.   Tod und Verdammnis!
MORTIMER. Lord Burleigh hat den Brief.
LEICESTER.   Ich bin verloren!
  *(Er geht während der folgenden Rede Mortimers
  verzweiflungsvoll auf und nieder.)*
MORTIMER.
  Ergreift den Augenblick! Kommt ihm zuvor!
  Errettet E u c h , errettet s i e – Schwört Euch
  Heraus, ersinnt Entschuldigungen, wendet
  Das Ärgste ab! Ich selbst kann nichts mehr tun.
  Zerstreut sind die Gefährten, auseinander
  Gesprengt ist unser ganzer Bund. Ich eile
  Nach Schottland, neue Freunde dort zu sammeln.

An Euch ist's jetzt: Versucht, was Euer Ansehn,
Was eine kecke Stirn vermag!
LEICESTER *(steht still, plötzlich besonnen).*
                              Das will ich.
(Er geht nach der Türe, öffnet sie und ruft.)
He da! Trabanten[1]!
(Zu dem Offizier, der mit Bewaffneten hereintritt.)
                            Diesen Staatsverräter
2795 Nehmt in Verwahrung und bewacht ihn wohl!
Die schändlichste Verschwörung ist entdeckt,
Ich bringe selbst der Königin die Botschaft.
(Er geht ab.)
MORTIMER *(steht anfangs starr für Erstaunen, fasst sich aber bald und sieht Leicestern mit einem Blick der tiefsten Verachtung nach).*
Ha, Schändlicher – Doch ich verdiene das!
Wer hieß mich auch dem Elenden vertrauen?
2800 Weg über meinen Nacken schreitet er,
Mein Fall muss ihm die Rettungsbrücke bauen.
– So rette dich! Verschlossen bleibt mein Mund,
Ich will dich nicht in mein Verderben flechten.
Auch nicht im Tode mag ich deinen Bund,
2805 Das Leben ist das einz'ge Gut des Schlechten.
(Zu dem Offizier der Wache, der hervortritt, um ihn gefangen zu nehmen.)
Was willst du, feiler[2] Sklav der Tyrannei?
Ich spotte deiner, ich bin frei!
(Einen Dolch ziehend.)
OFFIZIER. Er ist bewehrt – Entreißt ihm seinen Dolch!
(Sie dringen auf ihn ein, er erwehrt sich ihrer.)
MORTIMER. Und frei im letzten Augenblicke soll
2810 Mein Herz sich öffnen, meine Zunge lösen!
Fluch und Verderben euch, die ihren Gott
Und ihre wahre Königin verraten!
Die von der irdischen Maria sich
Treulos, wie von der himmlischen gewendet,
2815 Sich dieser Bastardkönigin verkauft –
OFFIZIER. Hört ihr die Lästrung! Auf! Ergreifet ihn.

[1] Begleitpersonal
[2] käuflicher

MORTIMER. Geliebte! Nicht erretten konnt ich dich,
So will ich dir ein männlich Beispiel geben.
Maria, heil'ge, bitt für mich!
2820 Und nimm mich zu dir in dein himmlisch Leben!
(Er durchsticht sich mit dem Dolch und fällt der Wache in die Arme.)

Zimmer der Königin.

Fünfter Auftritt

ELISABETH, *einen Brief in der Hand.* BURLEIGH.

ELISABETH. Mich hinzuführen! Solchen Spott mit mir
Zu treiben! Der Verräter! Im Triumph
Vor seiner Buhlerin mich aufzuführen!
O so ward noch kein Weib betrogen, Burleigh!
2825 BURLEIGH. Ich kann es noch nicht fassen, wie es ihm,
Durch welche Macht, durch welche Zauberkünste
Gelang, die Klugheit meiner Königin
So sehr zu überraschen.
ELISABETH.   O ich sterbe
Für Scham! Wie musst er meiner Schwäche spotten!
2830 S i e glaubt ich zu erniedrigen und war,
Ich selber, ihres Spottes Ziel!
BURLEIGH. Du siehst nun ein, wie treu ich dir geraten!
ELISABETH. O ich bin schwer dafür gestraft, dass ich
Von Eurem weisen Rate mich entfernt!
2835 Und sollt ich i h m nicht glauben? In den Schwüren
Der treusten Liebe einen Fallstrick fürchten?
Wem darf ich traun, wenn e r mich hinterging?
E r, den ich groß gemacht vor allen Großen,
Der mir der Nächste stets am Herzen war,
2840 Dem ich verstattete, an diesem Hof
Sich wie der Herr, der König zu betragen!
BURLEIGH. Und zu derselben Zeit verriet er dich
An diese falsche Königin von Schottland!
ELISABETH. O sie bezahle mir's mit ihrem Blut!
– Sagt! Ist das Urteil abgefasst?

BURLEIGH. Es liegt
Bereit, wie du befohlen.
ELISABETH. Sterben soll sie!
Er soll sie fallen sehn und nach ihr fallen.
Verstoßen hab ich ihn aus meinem Herzen,
Fort ist die Liebe, Rache füllt es ganz.
So hoch er stand, so tief und schmählich sei
Sein Sturz! Er sei ein Denkmal meiner Strenge,
Wie er ein Beispiel meiner Schwäche war.
Man führ ihn nach dem Tower, ich werde Peers
Ernennen, die ihn richten, hingegeben
Sei er der ganzen Strenge des Gesetzes.
BURLEIGH.
Er wird sich zu dir drängen, sich rechtfert'gen –
ELISABETH. Wie kann er sich rechtfert'gen? Überführt
Ihn nicht der Brief? O sein Verbrechen ist
Klar wie der Tag!
BURLEIGH. Doch du bist mild und gnädig,
Sein Anblick, seine mächt'ge Gegenwart –
ELISABETH.
Ich will ihn nicht sehn. Niemals, niemals wieder!
Habt Ihr Befehl gegeben, dass man ihn
Zurückweist, wenn er kommt?
BURLEIGH. So ist's befohlen!
PAGE *(tritt ein)*. Mylord von Leicester!
KÖNIGIN. Der Abscheuliche!
Ich will ihn nicht sehn. Sagt ihm, dass ich ihn
Nicht sehen will.
PAGE. Das wag ich nicht dem Lord
Zu sagen, und er würde mir's nicht glauben.
KÖNIGIN. So hab ich ihn erhöht, dass meine Diener
Vor seinem Ansehn mehr als meinem zittern!
BURLEIGH *(zum Pagen)*.
Die Königin verbiet' ihm, sich zu nahn!
(Page geht zögernd ab.)
KÖNIGIN *(nach einer Pause)*.
Wenn's dennoch möglich wäre – Wenn er sich
Rechtfert'gen könnte! – Sagt mir, könnt es nicht
Ein Fallstrick sein, den mir Maria legte,
Mich mit dem treusten Freunde zu entzwein?

O, sie ist eine abgefeimte Bübin[1],
Wenn sie den Brief nur schrieb, mir gift'gen Argwohn
Ins Herz zu streun, ihn, den sie hasst, ins Unglück
Zu stürzen –
BURLEIGH. Aber Königin, erwäge –

Sechster Auftritt

VORIGE. LEICESTER.

LEICESTER *(reißt die Tür mit Gewalt auf und tritt mit gebietrischem Wesen herein).*
Den Unverschämten will ich sehn, der mir
Das Zimmer meiner Königin verbietet.
ELISABETH. Ha, der Verwegene!
LEICESTER. Mich abzuweisen!
Wenn sie für einen Burleigh sichtbar ist,
So ist sie's auch für mich!
BURLEIGH. Ihr seid sehr kühn, Mylord,
Hier wider die Erlaubnis einzustürmen.
LEICESTER.
Ihr seid sehr frech, Lord, hier das Wort zu nehmen.
Erlaubnis! Was! Es ist an diesem Hofe
Niemand, durch dessen Mund Graf Leicester sich
Erlauben und verbieten lassen kann!
(Indem er sich der Elisabeth demütig nähert.)
Aus meiner Königin eignem Mund will ich –
ELISABETH *(ohne ihn anzusehen).*
Aus meinem Angesicht, Nichtswürdiger!
LEICESTER. Nicht meine gütige Elisabeth,
Den Lord vernehm ich, meinen Feind, in diesen
Unholden Worten – Ich berufe mich auf m e i n e
Elisabeth – Du liehest ihm dein Ohr,
Das gleiche fodr' ich.
ELISABETH. R e d e t , Schändlicher!
Vergrößert Euren Frevel! Leugnet ihn!

---

[1] durchtriebene Schurkin

LEICESTER. Lasst diesen Überlästigen[1] sich erst
    Entfernen – Tretet ab, Mylord – Was ich
    Mit meiner Königin zu verhandeln habe,
    Braucht keinen Zeugen. Geht.
ELISABETH *(zu Burleigh).*   Bleibt. Ich befehl es!
LEICESTER. Was soll der Dritte zwischen dir und mir!
    Mit meiner angebeteten Monarchin
    Hab ich's zu tun – Die Rechte meines Platzes
    Behaupt ich – Es sind heil'ge Rechte!
    Und ich bestehe drauf, dass sich der Lord
    Entferne!
ELISABETH. Euch geziemt die stolze Sprache!
LEICESTER.
    Wohl ziemt sie mir, denn ich bin der Beglückte,
    Dem deine Gunst den hohen Vorzug gab,
    Das hebt mich über ihn und über alle!
    Dein Herz verlieh mir diesen stolzen Rang,
    Und was die Liebe gab, werd ich, bei Gott!
    Mit meinem Leben zu behaupten wissen.
    Er geh – und zweier Augenblicke nur
    Bedarf's, mich mit dir zu verständigen.
ELISABETH.
    Ihr hofft umsonst, mich listig zu beschwatzen.
LEICESTER. Beschwatzen konnte dich der Plauderer,
    Ich aber will zu deinem Herzen reden!
    Und was ich im Vertraun auf deine Gunst
    Gewagt, will ich auch nur vor deinem Herzen
    Rechtfertigen – Kein anderes Gericht
    Erkenn ich über mir als deine Neigung!
ELISABETH. Schamloser! Eben diese ist's, die Euch zuerst
    Verdammt – Zeigt ihm den Brief, Mylord!
BURLEIGH.   Hier ist er!
LEICESTER *(durchläuft den Brief, ohne die Fassung zu verändern).*
    Das ist der Stuart Hand!
ELISABETH.   Lest und verstummt!
LEICESTER *(nachdem er gelesen, ruhig).*
    Der Schein ist gegen mich, doch darf ich hoffen,
    Dass ich nicht nach dem Schein gerichtet werde!

---

[1] Lästigen

ELISABETH. Könnt Ihr es leugnen, dass Ihr mit der Stuart
   In heimlichem Verständnis wart, ihr Bildnis
   Empfingt, ihr zur Befreiung Hoffnung machtet?
LEICESTER.
2930 Leicht wäre mir's, wenn ich mich schuldig fühlte,
   Das Zeugnis einer Feindin zu verwerfen!
   Doch frei ist mein Gewissen, ich bekenne,
   Dass sie die Wahrheit schreibt!
ELISABETH.   Nun denn,
   Unglücklicher!
BURLEIGH.   Sein eigner Mund verdammt ihn.
ELISABETH.
2935 Aus meinen Augen. In den Tower – Verräter!
LEICESTER. Der bin ich nicht. Ich hab gefehlt, dass ich
   Aus diesem Schritt dir ein Geheimnis machte,
   Doch redlich war die Absicht, es geschah,
   Die Feindin zu erforschen, zu verderben.
ELISABETH. Elende Ausflucht –
2940 BURLEIGH.   Wie, Mylord? Ihr glaubt –
LEICESTER. Ich habe ein gewagtes Spiel gespielt,
   Ich weiß, und nur Graf Leicester durfte sich
   An diesem Hofe solcher Tat erkühnen.
   Wie ich die Stuart hasse, weiß die Welt.
2945 Der Rang, den ich bekleide, das Vertrauen,
   Wodurch die Königin mich ehrt, muss jeden Zweifel
   In meine treue Meinung niederschlagen.
   Wohl darf der Mann, den deine Gunst vor allen
   Auszeichnet, einen eignen kühnen Weg
2950 Einschlagen, seine Pflicht zu tun.
BURLEIGH.   Warum,
   Wenn's eine gute Sache war, verschwiegt Ihr?
LEICESTER.
   Mylord! Ihr pflegt zu schwatzen, eh Ihr handelt,
   Und seid die Glocke Eurer Taten. D a s
   Ist E u r e Weise, Lord. Die meine ist,
2955 Erst handeln und dann reden!
BURLEIGH. Ihr redet jetzo, weil Ihr müsst.
LEICESTER *(ihn stolz und höhnisch mit den Augen messend).*   Und Ihr
   Berühmt Euch, eine wundergroße Tat

Ins Werk gerichtet, Eure Königin
Gerettet, die Verräterei entlarvt
Zu haben – Alles wisst Ihr, Eurem Scharfblick
Kann nichts entgehen, meint Ihr – Armer Prahler!
Trotz Eurer Spürkunst war Maria Stuart
Noch heute frei, wenn i c h es nicht verhindert.

BURLEIGH. Ihr hättet –

LEICESTER. Ich, Mylord. Die Königin
Vertraute sich dem Mortimer, sie schloss
Ihr Innerstes ihm auf, sie ging so weit,
Ihm einen blut'gen Auftrag gegen die Maria
Zu geben, da der Oheim sich mit Abscheu
Von einem gleichen Antrag abgewendet –
Sagt! Ist es nicht so?

(Königin und Burleigh sehen einander betroffen an.)

BURLEIGH. Wie gelangtet Ihr
Dazu? –

LEICESTER. Ist's nicht so? – Nun Mylord! Wo hattet
Ihr Eure tausend Augen, nicht zu sehn,
Dass dieser Mortimer Euch hinterging?
Dass er ein wütender Papist, ein Werkzeug
Der Guisen, ein Geschöpf der Stuart war,
Ein keck entschlossner Schwärmer, der gekommen,
Die Stuart zu befrein, die Königin
Zu morden –

ELISABETH *(mit dem äußersten Erstaunen).*
Dieser Mortimer!

LEICESTER. Er war's, durch den
Maria Unterhandlung mit mir pflog[1],
Den ich auf diesem Wege kennenlernte.
Noch heute sollte sie aus ihrem Kerker
Gerissen werden, diesen Augenblick
Entdeckte mir's sein eigner Mund, ich ließ ihn
Gefangen nehmen, und in der Verzweiflung,
Sein Werk vereitelt, sich entlarvt zu sehn,
Gab er sich selbst den Tod!

ELISABETH. O ich bin unerhört
Betrogen – dieser Mortimer!

---

[1] pflegte, führte

BURLEIGH. Und jetzt
Geschah das? Jetzt, nachdem ich Euch verlassen!
LEICESTER. Ich muss um meinetwillen sehr beklagen,
Dass es dies Ende mit ihm nahm. Sein Zeugnis,
Wenn er noch lebte, würde mich vollkommen
Gereinigt, aller Schuld entledigt haben.
Drum übergab ich ihn des Richters Hand.
Die strengste Rechtsform sollte meine Unschuld
Vor aller Welt bewähren und besiegeln.
BURLEIGH. Er tötete sich, sagt Ihr. Er sich selber? Oder
Ihr ihn?
LEICESTER. Unwürdiger Verdacht! Man höre
Die Wache ab, der ich ihn übergab!
(Er geht an die Tür und ruft hinaus. Der Offizier der Leibwache tritt herein.)
Erstattet Ihrer Majestät Bericht,
Wie dieser Mortimer umkam!
OFFIZIER. Ich hielt die Wache
Im Vorsaal, als Mylord die Türe schnell
Eröffnete und mir befahl, den Ritter
Als einen Staatsverräter zu verhaften.
Wir sahen ihn hierauf in Wut geraten,
Den Dolch ziehn unter heftiger Verwünschung
Der Königin, und eh wir's hindern konnten,
Ihn in die Brust sich stoßen, dass er tot
Zu Boden stürzte –
LEICESTER. Es ist gut. Ihr könnt
Abtreten, Sir! Die Königin weiß genug!
(Offizier geht ab.)
ELISABETH.
O welcher Abgrund von Abscheulichkeiten –
LEICESTER. Wer war's nun, der dich rettete? War es
Mylord von Burleigh? Wusst er die Gefahr,
Die dich umgab? War e r ' s , der sie von dir
Gewandt? – Dein treuer Leicester war dein Engel!
BURLEIGH.
Graf! Dieser Mortimer starb Euch sehr gelegen.
ELISABETH.
Ich weiß nicht, was ich sagen soll. Ich glaub Euch
Und glaub Euch nicht. Ich denke, Ihr seid schuldig,

Und seid es nicht! O die Verhasste, die
Mir all dies Weh bereitet!
LEICESTER. Sie muss sterben.
3020 Jetzt stimm ich selbst für ihren Tod. Ich riet
Dir an, das Urteil unvollstreckt zu lassen,
Bis sich aufs Neu ein Arm für sie erhübe.
Dies ist geschehn – und ich bestehe drauf,
Dass man das Urteil ungesäumt vollstrecke.
BURLEIGH. Ihr rietet dazu! Ihr!
3025 LEICESTER. So sehr es mich
Empört, zu einem Äußersten zu greifen,
Ich sehe nun und glaube, dass die Wohlfahrt
Der Königin dies blut'ge Opfer heischt[1],
Drum trag ich darauf an, dass der Befehl
3030 Zur Hinrichtung gleich ausgefertigt werde!
BURLEIGH *(zur Königin)*.
Da es Mylord so treu und ernstlich meint,
So trag i c h darauf an, dass die Vollstreckung
Des Richterspruchs ihm übertragen werde.
LEICESTER. Mir!
BURLEIGH. Euch. Nicht besser könnt Ihr den Verdacht,
3035 Der jetzt noch auf Euch lastet, widerlegen,
Als wenn Ihr s i e , die Ihr geliebt zu haben
Beschuldigt werdet, selbst enthaupten lasset.
ELISABETH *(Leicestern mit den Augen fixierend)*.
Mylord rät gut. So sei's, und dabei bleib es[2].
LEICESTER. Mich sollte billig[3] meines Ranges Höh
3040 Von einem Auftrag dieses traur'gen Inhalts
Befrein, der sich in jedem Sinne besser
Für einen Burleigh ziemen mag als mich.
Wer seiner Königin so nahesteht,
Der sollte nichts Unglückliches vollbringen.
3045 Jedoch um meinen Eifer zu bewähren,
Um meiner Königin genug zu tun,

---

[1] fordert
[2] In Wirklichkeit beauftragte ein geheimer Staatsrat die Lords Kent und Shrewsbury damit, die Vollstreckung des Todesurteils zu überwachen (vgl. Stefan Zweig: Maria Stuart, S. 442, 445).
[3] angemessen

Begeb ich mich des Vorrechts meiner Würde
Und übernehme die verhasste Pflicht.
ELISABETH. Lord Burleigh teile sie mit Euch!
(Zu diesem.) Tragt Sorge,
3050 Dass der Befehl gleich ausgefertigt werde.
(Burleigh geht. Man hört draußen ein Getümmel.)

Siebenter Auftritt

GRAF VON KENT *zu den* VORIGEN.

ELISABETH.
Was gibt's, Mylord von Kent? Was für ein Auflauf
Erregt die Stadt – Was ist es?
KENT. Königin,
Es ist das Volk, das den Palast umlagert,
Es fodert heftig dringend dich zu sehn.
ELISABETH.
Was will mein Volk?
3055 KENT. Der Schrecken geht durch London,
Dein Leben sei bedroht, es gehen Mörder
Umher, vom Papste wider dich gesendet.
Verschworen seien die Katholischen,
Die Stuart aus dem Kerker mit Gewalt
3060 Zu reißen und zur Königin auszurufen.
Der Pöbel glaubt's und wütet. Nur das Haupt
Der Stuart, das noch heute fällt, kann ihn
Beruhigen.
ELISABETH. Wie? Soll mir Zwang geschehn?
KENT. Sie sind entschlossen, eher nicht zu weichen,
3065 Bis du das Urteil unterzeichnet hast.

Achter Auftritt

BURLEIGH *und* DAVISON *mit einer Schrift.* DIE VORIGEN.

ELISABETH. Was bringt Ihr, Davison?
DAVISON *(nähert sich, ernsthaft).* Du hast befohlen,
O Königin –
ELISABETH. Was ist's?

*(Indem sie die Schrift ergreifen will, schauert sie zusammen
und fährt zurück.)* O Gott!
BURLEIGH. Gehorche
Der Stimme des Volks, sie ist die Stimme Gottes.
ELISABETH *(unentschlossen mit sich selbst kämpfend).*
O meine Lords! Wer sagt mir, ob ich wirklich
Die Stimme meines ganzen Volks, die Stimme
Der Welt vernehme! Ach, wie sehr befürcht ich,
Wenn ich dem Wunsch der Menge nun gehorcht,
Dass eine ganz verschiedne Stimme sich
Wird hören lassen – ja dass eben die,
Die jetzt gewaltsam zu der Tat mich treiben,
Mich, wenn's vollbracht ist, strenge tadeln werden!

Neunter Auftritt

GRAF SHREWSBURY *zu den* VORIGEN.

SHREWSBURY *(kommt in großer Bewegung).*
Man will dich übereilen, Königin!
O halte fest, sei standhaft –
(Indem er Davison mit der Schrift gewahr wird.)
Oder ist es
Geschehen? Ist es wirklich? Ich erblicke
Ein unglückselig Blatt in dieser Hand,
Das komme meiner Königin jetzt nicht
Vor Augen.
ELISABETH. Edler Shrewsbury! Man zwingt mich.
SHREWSBURY.
Wer kann dich zwingen? Du bist Herrscherin,
Hier gilt es, deine Majestät zu zeigen!
Gebiete Schweigen jenen rohen Stimmen,
Die sich erdreisten, deinem Königswillen
Zwang anzutun, dein Urteil zu regieren.
Die Furcht, ein blinder Wahn bewegt das Volk,
Du selbst bist außer dir, bist schwer gereizt,
Du bist ein Mensch und jetzt kannst du nicht richten.
BURLEIGH. Gerichtet ist schon längst. Hier ist kein Urteil
Zu fällen, zu vollziehen ist's.

KENT *(der sich bei Shrewsburys Eintritt entfernt hat, kommt zurück).*
Der Auflauf wächst, das Volk ist länger nicht
Zu bändigen.
ELISABETH *(zu Shrewsbury).*
              Ihr seht, wie sie mich drängen!
SHREWSBURY.
3095 Nur Aufschub fordr' ich. Dieser Federzug
Entscheidet deines Lebens Glück und Frieden.
Du hast es jahrelang bedacht, soll dich
Der Augenblick im Sturme mit sich führen?
Nur kurzen Aufschub. Sammle dein Gemüt,
3100 Erwarte eine ruhigere Stunde.
BURLEIGH *(heftig).* Erwarte, zögre, säume, bis das Reich
In Flammen steht, bis es der Feindin endlich
Gelingt, den Mordstreich wirklich zu vollführen.
Dreimal hat ihn ein Gott von dir entfernt.
3105 Heut hat er n a h e dich berührt, noch einmal
Ein Wunder hoffen, hieße Gott versuchen.
SHREWSBURY. Der Gott, der dich durch seine Wunderhand
Viermal erhielt, der heut dem schwachen Arm
Des Greisen Kraft gab, einen Wütenden
3110 Zu überwält'gen – e r verdient Vertrauen!
Ich will die Stimme der Gerechtigkeit
Jetzt nicht erheben, jetzt ist nicht die Zeit,
Du kannst in diesem Sturme sie nicht hören.
Dies eine nur vernimm! Du zitterst jetzt
3115 Vor dieser lebenden Maria. Nicht
Die Lebende hast du zu fürchten. Zittre vor
Der Toten, der Enthaupteten. Sie wird
Vom Grab erstehen, eine Zwietrachtsgöttin,
Ein Rachegeist in deinem Reich herumgehn,
3120 Und deines Volkes Herzen von dir wenden.
Jetzt hasst der Brite die Gefürchtete,
Er wird sie r ä c h e n , wenn sie nicht mehr ist.
Nicht mehr die Feindin seines Glaubens, nur
Die Enkeltochter seiner Könige[1],

---

[1] Maria ist Urenkelin des englischen Königs Heinrich VII. (vgl. die Verwandtschaftsverhältnisse auf S. 164f. im Anhang).

3125	Des Hasses Opfer und der Eifersucht
	Wird er in der Bejammerten erblicken!
	Schnell wirst du die Veränderung erfahren.
	Durchziehe London, wenn die blut'ge Tat
	Geschehen, zeige dich dem Volk, das sonst
3130	Sich jubelnd um dich her ergoss, du wirst
	Ein andres England sehn, ein andres Volk,
	Denn dich umgibt nicht mehr die herrliche
	Gerechtigkeit, die alle Herzen dir
	Besiegte! F u r c h t , die schreckliche Begleitung
3135	Der Tyrannei, wird schaudernd vor dir herziehn,
	Und jede Straße, wo du gehst, veröden.
	Du hast das Letzte, Äußerste getan,
	Welch Haupt steht fest, wenn dieses heil'ge fiel!

ELISABETH. Ach Shrewsbury! Ihr habt mir heut das Leben
3140 Gerettet, habt des Mörders Dolch von mir
 Gewendet – Warum ließet Ihr ihm nicht
 Den Lauf? So wäre jeder Streit geendigt,
 Und alles Zweifels ledig, rein von Schuld,
 Läg ich in meiner stillen Gruft! Fürwahr!
3145 Ich bin des Lebens und des Herrschens müd.
 M u s s eine von uns Königinnen fallen,
 Damit die andre lebe – und es ist
 Nicht anders, das erkenn ich – kann denn ich
 Nicht d i e sein, welche weicht? Mein Volk mag wählen,
3150 Ich geb ihm seine Majestät zurück.
 Gott ist mein Zeuge, dass ich nicht für mich,
 Nur für das Beste meines Volks gelebt.
 Hofft es von dieser schmeichlerischen Stuart,
 Der jüngern Königin, glücklichere Tage,
3155 So steig ich gern von diesem Thron und kehre
 In Woodstocks[1] stille Einsamkeit zurück,
 Wo meine anspruchlose Jugend lebte,
 Wo ich, vom Tand[2] der Erdengröße fern,
 Die Hoheit[3] in mir selber fand – Bin ich
3160 Zur Herrscherin doch nicht gemacht! Der Herrscher

---

[1] vgl. V. 1381 samt Anm. auf S. 52
[2] wertloses Zeug
[3] Würde und Anrede einer fürstlichen Person

Muss hart sein können, und mein Herz ist weich.
Ich habe diese Insel lange glücklich
Regiert, weil ich nur brauchte zu beglücken.
Es kommt die erste schwere Königspflicht,
Und ich empfinde meine Ohnmacht –

3165 BURLEIGH. Nun bei Gott!
Wenn ich so ganz unkönigliche Worte
Aus meiner Königin Mund vernehmen muss,
So wär's Verrat an meiner Pflicht, Verrat
Am Vaterlande, länger stillzuschweigen.
3170 – Du sagst, du liebst dein Volk mehr als dich selbst,
Das zeige jetzt! Erwähle nicht den Frieden
Für d i c h und überlass das Reich den Stürmen.
– Denk an die Kirche! Soll mit dieser Stuart
Der alte Aberglaube wiederkehren?
3175 Der Mönch aufs Neu hier herrschen, der Legat
Aus Rom[1] gezogen kommen, unsre Kirchen
Verschließen, unsre Könige entthronen?
– Die Seelen aller deiner Untertanen,
Ich fordre sie von d i r – Wie du jetzt handelst,
3180 Sind sie gerettet oder sind verloren.
Hier ist nicht Zeit zu weichlichem Erbarmen,
Des Volkes Wohlfahrt ist die höchste Pflicht;
Hat Shrewsbury das Leben dir gerettet,
So will i c h England retten – das ist mehr!

ELISABETH.
3185 Man überlasse mich mir selbst! Bei Menschen ist
Nicht Rat noch Trost in dieser großen Sache.
Ich trage sie dem höhern Richter vor.
Was der mich lehrt, das will ich tun – Entfernt euch,
Mylords!
(Zu Davison.) Ihr, Sir! Könnt in der Nähe bleiben!
*(Die Lords gehen ab. Shrewsbury allein bleibt noch einige
Augenblicke vor der Königin stehen mit bedeutungsvollem
Blick, dann entfernt er sich langsam mit einem Ausdruck
des tiefsten Schmerzes.)*

---

[1] Gesandter des Papstes

Zehnter Auftritt

ELISABETH *allein.*

3190 O Sklaverei des Volksdiensts! Schmähliche
Knechtschaft – Wie bin ich's müde, diesem Götzen
Zu schmeicheln, den mein Innerstes verachtet!
Wann soll ich frei auf diesem Throne stehn!
Die Meinung muss ich ehren, um das Lob
3195 Der Menge buhlen, einem Pöbel muss ich's
Recht machen, dem der Gaukler[1] nur gefällt.
Oh d e r ist noch nicht König, der der Welt
Gefallen muss! Nur der ist's, der bei seinem Tun
Nach keines Menschen Beifall braucht zu fragen.

3200 Warum hab ich Gerechtigkeit geübt,
Willkür gehasst mein Leben lang, dass ich
Für diese erste unvermeidliche
Gewalttat selbst die Hände mir gefesselt!
Das Muster, das ich selber gab, verdammt mich!
3205 War ich tyrannisch, wie die spanische
Maria[2] war, mein Vorfahr auf dem Thron, ich könnte
Jetzt ohne Tadel Königsblut versprützen!
Doch war's denn meine eigne freie Wahl,
Gerecht zu sein? Die allgewaltige
3210 Notwendigkeit, die auch das freie Wollen
Der Könige zwingt, gebot mir diese Tugend.

Umgeben rings von Feinden hält mich nur
Die Volksgunst auf dem angefochtnen Thron.
Mich zu vernichten streben alle Mächte
3215 Des festen Landes. Unversöhnlich schleudert
Der röm'sche Papst den Bannfluch auf mein Haupt,
Mit falschem Bruderkuss verrät mich Frankreich,
Und offnen, wütenden Vertilgungskrieg
Bereitet mir der Spanier auf den Meeren.
3220 So steh ich kämpfend gegen eine Welt,
Ein wehrlos Weib! Mit hohen Tugenden

---

[1] Zauberer, Possenreißer
[2] vgl. V. 102 und Anm. auf S. 10

Muss ich die Blöße meines Rechts[1] bedecken,
Den Flecken meiner fürstlichen Geburt,
Wodurch der eigne Vater mich geschändet.[2]
Umsonst bedeck ich ihn – Der Gegner Hass
Hat ihn entblößt und stellt mir diese Stuart,
Ein ewig drohendes Gespenst, entgegen.
  Nein, diese Furcht soll endigen!
Ihr Haupt soll fallen. Ich will Frieden haben!
– Sie ist die Furie[3] meines Lebens! Mir
Ein Plagegeist vom Schicksal angeheftet.
Wo ich mir eine Freude, eine Hoffnung
Gepflanzt, da liegt die Höllenschlange mir
Im Wege. Sie entreißt mir den Geliebten,
Den Bräut'gam raubt sie mir! Maria Stuart
Heißt jedes Unglück, das mich niederschlägt!
Ist s i e aus den Lebendigen vertilgt,
Frei bin ich wie die Luft auf den Gebirgen.
(Stillschweigen.)
Mit welchem Hohn sie auf mich niedersah,
Als sollte mich der Blick zu Boden blitzen!
Ohnmächtige! Ich führe bessre Waffen,
Sie treffen tödlich und du bist nicht mehr!
(Mit raschem Schritt nach dem Tische gehend und die Feder ergreifend.)
Ein Bastard bin ich dir? – Unglückliche!
Ich bin es nur, solang d u lebst und atmest.
Der Zweifel meiner fürstlichen Geburt
Er ist getilgt, sobald ich d i c h vertilge.
Sobald dem Briten keine Wahl mehr bleibt,
Bin ich im echten Ehebett geboren!
(Sie unterschreibt mit einem raschen, festen Federzug, lässt dann die Feder fallen und tritt mit einem Ausdruck des Schreckens zurück. Nach einer Pause klingelt sie.)

---

[1] die bezweifelten Ansprüche auf die Thronfolge
[2] vgl. Anm. 5, S. 32
[3] Rachegöttin, die Verbrecher verfolgt

Elfter Auftritt

Elisabeth. Davison.

Elisabeth. Wo sind die andern Lords?
Davison.   Sie sind gegangen,
3250 Das aufgebrachte Volk zur Ruh zu bringen.
Das Toben war auch augenblicks gestillt,
Sobald der Graf von Shrewsbury sich zeigte.
„Der ist's, das ist er!", riefen hundert Stimmen,
„Der rettete die Königin! Hört ihn!
3255 Den bravsten[1] Mann in England." Nun begann
Der edle Talbot und verwies dem Volk
In sanften Worten sein gewaltsames
Beginnen, sprach so kraftvoll überzeugend,
Dass alles sich besänftigte und still
Vom Platze schlich.
3260 Elisabeth.   Die wankelmüt'ge Menge,
Die jeder Wind herumtreibt! Wehe dem,
Der auf dies Rohr sich lehnet! – Es ist gut,
Sir Davison. Ihr könnt nun wieder gehn.
(Wie sich jener nach der Türe gewendet.)
Und dieses Blatt – Nehmt es zurück – Ich leg's
In Eure Hände.
Davison *(wirft einen Blick in das Papier und erschrickt).*
3265   Königin! Dein Name!
Du hast entschieden?
Elisabeth.   – Unterschreiben sollt ich.
Ich hab's getan. Ein Blatt Papier entscheidet
Noch nicht, ein Name tötet nicht.
Davison. Dein Name, Königin, unter dieser Schrift
3270 Entscheidet alles, tötet, ist ein Strahl
Des Donners, der geflügelt trifft – Dies Blatt
Befiehlt den Kommissarien, dem Sheriff,
Nach Fotheringhayschloss sich stehnden Fußes[2]

---

[1] tapfersten, tüchtigsten
[2] sofort

Zur Königin von Schottland zu verfügen[1],
Den Tod ihr anzukündigen und schnell,
Sobald der Morgen tagt, ihn zu vollziehn.
Hier ist kein Aufschub, jene hat gelebt,
Wenn ich dies Blatt aus meinen Händen gebe.
ELISABETH. Ja, Sir! Gott legt ein wichtig groß Geschick
In Eure schwachen Hände. Fleht ihn an,
Dass er mit seiner Weisheit Euch erleuchte.
Ich geh und überlass Euch Eurer Pflicht.
(Sie will gehen.)
DAVISON *(tritt ihr in den Weg).*
Nein, meine Königin! Verlass mich nicht,
Eh du mir deinen Willen kundgetan.
Bedarf es hier noch einer andern Weisheit,
Als dein Gebot buchstäblich zu befolgen?
– Du legst dies Blatt in meine Hand, dass ich
Zu schleuniger Vollziehung es befördre?
ELISABETH. Das werdet Ihr nach E u r e r Klugheit –
DAVISON *(schnell und erschrocken einfallend).* Nicht
Nach meiner! Das verhüte Gott! Gehorsam
Ist meine ganze Klugheit. Deinem Diener
Darf hier nichts zu entscheiden übrig bleiben.
Ein klein Versehn wär hier ein Königsmord,
Ein unabsehbar, ungeheures Unglück.
Vergönne mir, in dieser großen Sache
Dein blindes Werkzeug willenlos zu sein.
In klare Worte fasse deine Meinung,
Was soll mit diesem Blutbefehl geschehn?
ELISABETH. – Sein Name spricht es aus.
DAVISON.
So willst du, dass er gleich vollzogen werde?
ELISABETH *(zögernd).*
Das s a g ich nicht und zittre, es zu denken.
DAVISON. Du willst, dass ich ihn länger noch bewahre?
ELISABETH *(schnell).*
Auf Eure Gefahr! Ihr haftet für die Folgen.
DAVISON.
Ich? Heil'ger Gott! – Sprich, Königin! W a s willst du?

---

[1] sich zu begeben, gehen

ELISABETH *(ungeduldig).*
Ich will, dass dieser unglücksel'gen Sache
Nicht mehr gedacht soll werden, dass ich endlich
Will Ruhe davor haben und auf ewig.
DAVISON. Es kostet dich ein einzig Wort. O sage,
Bestimme, was mit dieser Schrift soll werden!
ELISABETH.
Ich hab's gesagt, und quält mich nun nicht weiter.
DAVISON. Du hättest es gesagt? Du hast mir nichts
Gesagt – O, es gefalle meiner Königin,
Sich zu erinnern.
ELISABETH *(stampft auf den Boden).*
          Unerträglich!
DAVISON.   Habe Nachsicht
Mit mir! Ich kam seit wenig Monden[1] erst
In dieses Amt! Ich kenne nicht die Sprache
Der Höfe und der Könige – in schlicht
Einfacher Sitte bin ich aufgewachsen.
Drum habe du Geduld mit deinem Knecht!
Lass dich das Wort nicht reun, das mich belehrt,
Mich klar macht über meine Pflicht –
(Er nähert sich ihr in flehender Stellung, sie kehrt ihm den Rücken zu, er steht in Verzweiflung, dann spricht er mit entschlossnem Ton.)
Nimm dies Papier zurück! Nimm es zurück!
Es wird mir glühend Feuer in den Händen.
Nicht mich erwähle, dir in diesem furchtbaren
Geschäft zu dienen.
ELISABETH.   Tut, was Eures Amts ist.
(Sie geht ab.)

Zwölfter Auftritt

DAVISON, *gleich darauf* BURLEIGH.

DAVISON.
Sie geht! Sie lässt mich ratlos, zweifelnd stehn
Mit diesem fürchterlichen Blatt – Was tu ich?

---

[1] vor wenigen Monaten

Soll ich's bewahren? Soll ich's übergeben?
(Zu Burleigh, der hereintritt.)
O gut! Gut, dass Ihr kommt, Mylord! Ihr seid's,
Der mich in dieses Staatsamt eingeführt!
3330 Befreiet mich davon. Ich übernahm es,
Unkundig seiner Rechenschaft[1]! Lasst mich
Zurückgehn in die Dunkelheit, wo Ihr
Mich fandet, ich gehöre nicht auf diesen Platz –
BURLEIGH.
Was ist Euch, Sir? Fasst Euch. Wo ist das Urteil?
Die Königin ließ Euch rufen.
3335 DAVISON.   Sie verließ mich
In heft'gem Zorn. O ratet mir! Helft mir!
Reißt mich aus dieser Höllenangst des Zweifels.
Hier ist das Urteil – Es ist unterschrieben.
BURLEIGH *(hastig).*
Ist es? O gebt! Gebt her!
DAVISON.   Ich darf nicht.
BURLEIGH.   Was?
DAVISON.
3340 Sie hat mir ihren Willen noch nicht deutlich –
BURLEIGH. Nicht deutlich! Sie hat unterschrieben. Gebt!
DAVISON. Ich soll's vollziehen lassen – soll es n i c h t
Vollziehen lassen – Gott! Weiß ich, was ich soll.
BURLEIGH *(heftiger dringend).*
Gleich, augenblicks sollt Ihr's vollziehen lassen.
3345 Gebt her! Ihr seid verloren, wenn Ihr säumt.
DAVISON. Ich bin verloren, wenn ich's übereile.
BURLEIGH. Ihr seid ein Tor, Ihr seid von Sinnen! Gebt!
(Er entreißt ihm die Schrift und eilt damit ab.)
DAVISON *(ihm nacheilend).*
Was macht Ihr? Bleibt! Ihr stürzt mich ins Verderben.

---
[1] Verantwortung

Fünfter Aufzug

Die Szene ist das Zimmer des ersten Aufzugs.

Erster Auftritt

HANNA KENNEDY, *in tiefe Trauer gekleidet, mit verweinten Augen und einem großen, aber stillen Schmerz, ist beschäftigt, Pakete und Briefe zu versiegeln. Oft unterbricht sie der Jammer in ihrem Geschäft, und man sieht sie dazwischen still beten.* PAULET *und* DRURY, *gleichfalls in schwarzen Kleidern, treten ein, ihnen folgen viele* BEDIENTE, *welche goldne und silberne Gefäße, Spiegel, Gemälde und andere Kostbarkeiten tragen und den Hintergrund des Zimmers damit anfüllen. Paulet überliefert der Amme ein Schmuckkästchen nebst einem Papier und bedeutet ihr durch Zeichen, dass es ein Verzeichnis der gebrachten Dinge enthalte. Beim Anblick dieser Reichtümer erneuert sich der Schmerz der Amme, sie versinkt in ein tiefes Trauern, indem jene sich still wieder entfernen.*
MELVIL *tritt ein.*

KENNEDY *(schreit auf, sobald sie ihn gewahr wird).*
    Melvil! Ihr seid es! Euch erblick ich wieder!
3350 MELVIL. Ja, treue Kennedy, wir sehn uns wieder!
KENNEDY.
    Nach langer, langer, schmerzenvoller Trennung!
MELVIL. Ein unglückselig schmerzvoll Wiedersehn!
KENNEDY. O Gott! Ihr kommt –
MELVIL.   Den letzten, ewigen
    Abschied von meiner Königin zu nehmen.
3355 KENNEDY. Jetzt endlich, jetzt am Morgen ihres Todes,
    Wird ihr die lang entbehrte Gegenwart
    Der Ihrigen vergönnt – O teurer Sir,
    Ich will nicht fragen, wie es Euch erging,
    Euch nicht die Leiden nennen, die wir litten,
3360   Seitdem man Euch von unsrer Seite riss,

Ach, dazu wird wohl einst die Stunde kommen!
O Melvil! Melvil! Mussten wir's erleben,
Den Anbruch dieses Tags zu sehn!
    Melvil.   Lasst uns
Einander nicht erweichen! Weinen will ich,
3365 Solang noch Leben in mir ist, nie soll
Ein Lächeln diese Wangen mehr erheitern,
Nie will ich dieses nächtliche Gewand
Mehr von mir legen! Ewig will ich trauern,
Doch heute will ich standhaft sein – Versprecht
3370 Auch Ihr mir, Euren Schmerz zu mäßigen –
Und wenn die andern alle der Verzweiflung
Sich trostlos überlassen, lasset u n s
Mit männlich edler Fassung ihr vorangehn
Und ihr ein Stab sein auf dem Todesweg!
3375 Kennedy. Melvil! Ihr seid im Irrtum, wenn Ihr glaubt,
Die Königin bedürfe unsers Beistands,
Um standhaft in den Tod zu gehn! Sie selber ist's,
Die uns das Beispiel edler Fassung gibt.
Seid ohne Furcht! Maria Stuart wird
3380 Als eine Königin und Heldin sterben.
    Melvil. Nahm sie die Todespost mit Fassung auf?
Man sagt, dass sie nicht vorbereitet war.
    Kennedy.
Das war sie nicht. Ganz andre Schrecken waren's,
Die meine Lady ängstigten. Nicht vor dem Tod,
3385 Vor dem Befreier zitterte Maria.
– Freiheit war uns verheißen. Diese Nacht
Versprach uns Mortimer von hier wegzuführen,
Und zwischen Furcht und Hoffnung, zweifelhaft,
Ob sie dem kecken Jüngling ihre Ehre
3390 Und fürstliche Person vertrauen dürfe,
Erwartete die Königin den Morgen.
– Da wird ein Auflauf in dem Schloss, ein Pochen
Schreckt unser Ohr und vieler Hämmer Schlag,
Wir glauben, die Befreier zu vernehmen,
3395 Die Hoffnung winkt, der süße Trieb des Lebens
Wacht unwillkürlich, allgewaltig auf –
Da öffnet sich die Tür – Sir Paulet ist's,
Der uns verkündigt – dass – die Zimmerer

Zu unsern Füßen das Gerüst[1] aufschlagen!
(Sie wendet sich ab, von heftigem Schmerz ergriffen.)
MELVIL. Gerechter Gott! O sagt mir! Wie ertrug
3400 Maria diesen fürchterlichen Wechsel?
KENNEDY *(nach einer Pause, worin sie sich wieder etwas gefasst hat).*
Man löst sich nicht allmählich von dem Leben!
Mit e i n e m Mal, schnell, augenblicklich muss
Der Tausch geschehen zwischen Zeitlichem
Und Ewigem, und Gott gewährte meiner Lady
3405 In diesem Augenblick, der Erde Hoffnung
Zurückzustoßen mit entschlossner Seele,
Und glaubenvoll den Himmel zu ergreifen.
Kein Merkmal bleicher Furcht, kein Wort der Klage
Entehrte meine Königin – Dann erst,
3410 Als sie Lord Leicesters schändlichen Verrat
Vernahm, das unglückselige Geschick
Des werten Jünglings, der sich ihr geopfert,
Des alten Ritters[2] tiefen Jammer sah,
Dem seine letzte Hoffnung starb durch sie,
3415 Da flossen ihre Tränen, nicht das eigne Schicksal,
Der fremde Jammer presste sie ihr ab.
MELVIL. Wo ist sie jetzt? Könnt Ihr mich zu ihr bringen?
KENNEDY. Den Rest der Nacht durchwachte sie mit Beten,
Nahm von den teuern Freunden schriftlich Abschied,
3420 Und schrieb ihr Testament mit eigner Hand.
Jetzt pflegt sie einen Augenblick der Ruh,
Der letzte Schlaf erquickt sie.
MELVIL. Wer ist bei ihr?
KENNEDY. Ihr Leibarzt Burgoyn und ihre Frauen.

---

[1] für Marias Hinrichtung
[2] Paulets, des Onkels von Mortimer

Zweiter Auftritt

MARGARETA KURL *zu den* VORIGEN.

3425 KENNEDY. Was bringt Ihr, Mistress? Ist die Lady wach?
KURL *(ihre Tränen trocknend).*
    Schon angekleidet – Sie verlangt nach Euch.
KENNEDY. Ich komme.
    (Zu Melvil, der sie begleiten will.)
                    Folgt mir nicht, bis ich die Lady
    Auf Euren Anblick vorbereitet. *(Geht hinein.)*
KURL.   Melvil!
    Der alte Haushofmeister[1]!
MELVIL.   Ja, der bin ich!
3430 KURL. O dieses Haus braucht keines Meisters mehr!
    – Melvil! Ihr kommt von London, wisst Ihr mir
    Von meinem Manne nichts zu sagen?
MELVIL. Er wird auf freien Fuß gesetzt, sagt man,
    Sobald –
KURL.   Sobald die Königin nicht mehr ist!
3435   O der nichtswürdig schändliche Verräter!
    Er ist der Mörder dieser teuren Lady,
    Sein Zeugnis, sagt man, habe sie verurteilt.
MELVIL. So ist's.
KURL.   O seine Seele sei verflucht
    Bis in die Hölle! Er hat falsch gezeugt –
3440 MELVIL. Mylady Kurl! Bedenket Eure Reden.
KURL. Beschwören will ich's vor Gerichtes Schranken,
    Ich will es ihm ins Antlitz wiederholen,
    Die ganze Welt will ich damit erfüllen.
    Sie stirbt unschuldig –
MELVIL.   O das gebe Gott!

---

[1] Aufseher über Haus und Hof; Verwalter

Dritter Auftritt

BURGOYN *zu den* VORIGEN. *Hernach* HANNA KENNEDY.

BURGOYN *(erblickt Melvil)*.
O Melvil!
MELVIL *(ihn umarmend)*.
        Burgoyn!
BURGOYN *(zu Margareta Kurl)*.
3445   Besorget einen Becher
Mit Wein für unsre Lady. Machet hurtig.
(Kurl geht ab.)
MELVIL. Wie? Ist der Königin nicht wohl?
BURGOYN. Sie fühlt sich stark, sie täuscht ihr Heldenmut,
Und keiner Speise glaubt sie zu bedürfen,
3450 Doch ihrer wartet noch ein schwerer Kampf,
Und ihre Feinde sollen sich nicht rühmen,
Dass Furcht des Todes ihre Wangen bleichte,
Wenn die Natur aus Schwachheit unterliegt.
MELVIL *(zur Amme, die hereintritt)*.
Will sie mich sehn?
KENNEDY.   Gleich wird sie selbst hier sein.
3455 – Ihr scheint Euch mit Verwundrung umzusehn,
Und Eure Blicke fragen mich: Was soll
Das Prachtgerät in diesem Ort des Todes?
– O Sir! Wir litten Mangel, da wir lebten,
Erst mit dem Tode kommt der Überfluss zurück.

Vierter Auftritt

VORIGE. *Zwei andre* KAMMERFRAUEN *der Maria, gleichfalls in Trauerkleidern. Sie brechen bei* MELVILS *Anblick in laute Tränen aus.*

3460 MELVIL. Was für ein Anblick! Welch ein Wiedersehn!
Gertrude! Rosamund!
ZWEITE KAMMERFRAU.   Sie hat uns von sich
Geschickt! Sie will zum letzten Mal allein

Mit Gott sich unterhalten!
(Es kommen noch zwei weibliche Bediente, wie die vorigen in Trauer, die mit stummen Gebärden ihren Jammer ausdrücken.)

Fünfter Auftritt

MARGARETA KURL *zu den* VORIGEN. *Sie trägt einen goldnen Becher mit Wein und setzt ihn auf den Tisch, indem sie sich bleich und zitternd an einen Stuhl hält.*

MELVIL. Was ist Euch, Mistress? Was entsetzt Euch so?
KURL. O Gott!
BURGOYN. Was habt Ihr?
KURL. Was musst ich erblicken!
MELVIL. Kommt zu Euch! Sagt uns, was es ist.
KURL. Als ich
Mit diesem Becher Wein die große Treppe
Heraufstieg, die zur untern Halle führt,
Da tat die Tür sich auf – ich sah hinein –
Ich sah – o Gott!
MELVIL. Was saht Ihr? Fasset Euch!
KURL. Schwarz überzogen waren alle Wände,
Ein groß Gerüst, mit schwarzem Tuch beschlagen,
Erhob sich von dem Boden, mitten drauf
Ein schwarzer Block, ein Kissen und daneben
Ein blank geschliffnes Beil – Voll Menschen war
Der Saal, die um das Mordgerüst sich drängten,
Und heiße Blutgier in dem Blick, das Opfer
Erwarteten.
DIE KAMMERFRAUEN. O Gott sei unsrer Lady gnädig!
MELVIL. Fasst euch! Sie kommt!

Sechster Auftritt

DIE VORIGEN. MARIA. *Sie ist weiß und festlich gekleidet, am Halse trägt sie an einer Kette von kleinen Kugeln ein Agnus Dei[1], ein Rosenkranz hängt am Gürtel herab, sie hat ein Kruzifix in der Hand und ein Diadem in den Haaren, ihr großer schwarzer Schleier ist zurückgeschlagen. Bei ihrem Eintritt weichen die Anwesenden zu beiden Seiten zurück und drücken den heftigsten Schmerz aus. Melvil ist mit einer unwillkürlichen Bewegung auf die Knie gesunken.*

MARIA *(mit ruhiger Hoheit im ganzen Kreise herumsehend).*

3480 Was klagt ihr? Warum weint ihr? Freuen solltet
Ihr euch mit mir, dass meiner Leiden Ziel
Nun endlich naht, dass meine Bande fallen,
Mein Kerker aufgeht und die frohe Seele sich
Auf Engelsflügeln schwingt zur ew'gen Freiheit.
3485 Da, als ich in die Macht der stolzen Feindin
Gegeben war, Unwürdiges erduldend,
Was einer freien großen Königin
Nicht ziemt, da war es Zeit, um mich zu weinen!
– Wohltätig, heilend nahet mir der Tod,
3490 Der ernste Freund! Mit seinen schwarzen Flügeln
Bedeckt er meine Schmach – den Menschen adelt,
Den tiefstgesunkenen, das letzte Schicksal.
Die Krone fühl ich wieder auf dem Haupt,
Den würd'gen Stolz in meiner edeln Seele!
(Indem sie einige Schritte weiter vortritt.)
3495 Wie? Melvil hier? – Nicht also, edler Sir!
Steht auf! Ihr seid zu Eurer Königin
Triumph, zu ihrem Tode nicht gekommen.
Mir wird ein Glück zuteil, wie ich es nimmer
Gehoffet, dass mein Nachruhm doch nicht ganz
3500 In meiner Feinde Händen ist, dass doch
E i n Freund mir, ein Bekenner meines Glaubens
Als Zeuge dasteht in der Todesstunde.

---

[1] Lamm Gottes; kleines Wachsbild eines Lammes mit der Fahne des Sieges

– Sagt, edler Ritter! Wie erging es Euch,
In diesem feindlichen, unholden Lande,
Seitdem man Euch von meiner Seite riss?
Die Sorg um Euch hat oft mein Herz bekümmert.
MELVIL. Mich drückte sonst kein Mangel als der Schmerz
Um dich, und meine Ohnmacht, dir zu dienen!
MARIA. Wie steht's um Didier, meinen alten Kämmrer?
Doch der Getreue schläft wohl lange schon
Den ew'gen Schlaf, denn er war hoch an Jahren.
MELVIL. Gott hat ihm diese Gnade nicht erzeigt,
Er lebt, um deine Jugend zu begraben.
MARIA. Dass mir vor meinem Tode noch das Glück
Geworden wäre, ein geliebtes Haupt
Der teuern Blutsverwandten zu umfassen!
Doch ich soll sterben unter Fremdlingen,
Nur eure Tränen soll ich fließen sehn!
– Melvil, die letzten Wünsche für die Meinen
Leg ich in Eure treue Brust – Ich segne
Den allerchristlichsten König, meinen Schwager[1],
Und Frankreichs ganzes königliches Haus –
Ich segne meinen Öhm, den Kardinal,
Und Heinrich Guise, meinen edlen Vetter[2].
Ich segne auch den Papst, den heiligen
Statthalter Christi, der mich wieder segnet,
Und den kathol'schen König[3], der sich edelmütig
Zu meinem Retter, meinem Rächer anbot –
Sie alle stehn in meinem Testament,
Sie werden die Geschenke meiner Liebe,
Wie arm sie sind, darum gering nicht achten.
(Sich zu ihren Dienern wendend.)
Euch hab ich meinem königlichen Bruder
Von Frankreich anempfohlen, er wird sorgen
Für euch, ein neues Vaterland euch geben.
Und ist euch meine letzte Bitte wert,
Bleibt nicht in England, dass der Brite nicht

---

[1] Heinrich III. in Frankreich
[2] vgl. die Anm. zu V. 387 auf S. 20 und die Verwandtschaftsverhältnisse auf S. 164f. im Anhang
[3] Philipp II. in Spanien

Sein stolzes Herz an eurem Unglück weide,
Nicht d i e im Staube seh, die m i r gedient.
Bei diesem Bildnis des Gekreuzigten
Gelobet mir, dies unglücksel'ge Land
Alsbald, wenn ich dahin bin, zu verlassen!
MELVIL *(berührt das Kruzifix).*
Ich schwöre dir's, im Namen dieser aller.
MARIA. Was ich, die Arme, die Beraubte, noch besaß,
Worüber mir vergönnt ist, frei zu schalten,
Das hab ich unter euch verteilt, man wird,
Ich hoff es, meinen letzten Willen ehren.
Auch was ich auf dem Todeswege trage,
Gehöret euch – Vergönnet mir noch einmal
Der Erde Glanz auf meinem Weg zum Himmel!
(Zu den Fräulein.)
Dir, meine Alix, Gertrud, Rosamund,
Bestimm ich meine Perlen, meine Kleider,
Denn eure Jugend freut sich noch des Putzes.
Du, Margareta, hast das nächste Recht
An meine Großmut, denn ich lasse dich
Zurück als die Unglücklichste von allen.
Dass ich des Gatten Schuld an dir nicht räche,
Wird mein Vermächtnis offenbaren – Dich,
O meine treue Hanna, reizet nicht
Der Wert des Goldes, nicht der Steine Pracht,
Dir ist das höchste Kleinod mein Gedächtnis.
Nimm dieses Tuch! Ich hab's mit eigner Hand
Für dich gestickt in meines Kummers Stunden,
Und meine heißen Tränen eingewoben.
Mit diesem Tuch wirst du die Augen mir verbinden,
Wenn es so weit ist – diesen letzten Dienst
Wünsch ich von meiner Hanna zu empfangen.
KENNEDY. O Melvil! Ich ertrag es nicht!
MARIA. Kommt alle!
Kommt und empfangt mein letztes Lebewohl.
(Sie reicht ihre Hände hin, eins nach dem andern fällt ihr zu Füßen und küsst die dargebotne Hand unter heftigem Weinen.)
Leb wohl, Margreta – Alix, lebe wohl –
Dank, Bourgoyn, für Eure treuen Dienste –

Dein Mund brennt heiß, Gertrude – Ich bin viel
Gehasset worden, doch auch viel geliebt!
Ein edler Mann beglücke meine Gertrud,
Denn Liebe fodert dieses glühende Herz –
3575 Berta! Du hast das bessre Teil erwählt[1],
Die keusche Braut des Himmels[2] willst du werden!
O eile, dein Gelübde zu vollziehn!
Betrüglich sind die Güter dieser Erden,
Das lern an deiner Königin! – Nichts weiter!
3580 Lebt wohl! Lebt wohl! Lebt ewig wohl!
(Sie wendet sich schnell von ihnen, alle, bis auf Melvil, entfernen sich.)

Siebenter Auftritt

MARIA. MELVIL.

MARIA. Ich habe alles Zeitliche berichtigt[3]
Und hoffe keines Menschen Schuldnerin
Aus dieser Welt zu scheiden – Eins nur ist's,
Melvil, was der beklemmten Seele noch
3585 Verwehrt, sich frei und freudig zu erheben.
MELVIL. Entdecke mir's. Erleichtre deine Brust,
Dem treuen Freund vertraue deine Sorgen.
MARIA. Ich stehe an dem Rand der Ewigkeit,
Bald soll ich treten vor den höchsten Richter,
3590 Und noch hab ich den Heil'gen nicht versöhnt.
Versagt ist mir der Priester meiner Kirche.
Des Sakramentes heil'ge Himmelspeise[4]
Verschmäh ich aus den Händen falscher Priester.
Im Glauben meiner Kirche will ich sterben,
3595 Denn der allein ist's, welcher selig macht.
MELVIL. Beruhige dein Herz. Dem Himmel gilt
Der feurig fromme Wunsch statt des Vollbringens.

---

[1] vgl. Lukas 10, V. 41 f.
[2] Nonne
[3] in Ordnung gebracht
[4] das Abendmahl

>Tyrannenmacht kann nur die Hände fesseln,
>Des Herzens Andacht hebt sich frei zu Gott,
>3600 Das Wort ist tot, der Glaube macht lebendig.
>MARIA. Ach Melvil! Nicht allein genug ist sich
>Das Herz, ein irdisch Pfand bedarf der Glaube,
>Das hohe Himmlische sich zuzueignen.
>Drum ward der Gott zum Menschen und verschloss
>3605 Die unsichtbaren himmlischen Geschenke
>Geheimnisvoll in einem sichtbarn Leib.
>– Die Kirche ist's, die heilige, die hohe,
>Die zu dem Himmel uns die Leiter baut,
>Die allgemeine, die kathol'sche heißt sie,
>3610 Denn nur der Glaube aller stärkt den Glauben,
>Wo Tausende anbeten und verehren,
>Da wird die Glut zur Flamme, und beflügelt
>Schwingt sich der Geist in alle Himmel auf.
>– Ach, die Beglückten, die das froh geteilte
>3615 Gebet versammelt in dem Haus des Herrn!
>Geschmückt ist der Altar, die Kerzen leuchten,
>Die Glocke tönt, der Weihrauch ist gestreut,
>Der Bischof steht im reinen Messgewand,
>Er fasst den Kelch, er segnet ihn, er kündet
>3620 Das hohe Wunder der Verwandlung[1] an,
>Und niederstürzt dem gegenwärt'gen Gotte
>Das gläubig überzeugte Volk – Ach! Ich
>Allein bin ausgeschlossen, nicht zu mir
>In meinen Kerker dringt der Himmelsegen.
>3625 MELVIL. Er dringt zu dir! Er ist dir nah! Vertraue
>Dem Allvermögenden – der dürre Stab
>Kann Zweige treiben in des Glaubens Hand[2]!
>Und der die Quelle aus dem Felsen schlug[3],
>Kann dir im Kerker den Altar bereiten,
>3630 Kann d i e s e n Kelch, die irdische Erquickung,
>Dir schnell in eine himmlische verwandeln.

---

[1] von Brot und Wein in den Leib und das Blut Christi
[2] Aarons grünender, blühender und Mandeln tragender Stab im 4. Buch Mose, Kap. 17, V. 16–26
[3] Mose im Auftrag des Herrn im 2. Buch, Kap. 17, V. 1–7, und im 4. Buch, Kap. 20, V. 2–13

(Er ergreift den Kelch, der auf dem Tische steht.)
MARIA. Melvil! Versteh ich Euch? Ja! Ich versteh Euch!
Hier ist kein Priester, keine Kirche, kein
Hochwürdiges – Doch der Erlöser spricht:
Wo zwei versammelt sind in **meinem** Namen,
Da bin ich gegenwärtig unter ihnen[1].
Was weiht den Priester ein zum Mund des Herrn?
Das reine Herz, der unbefleckte Wandel.
– So seid- **Ihr** mir, auch ungeweiht, ein Priester,
Ein Bote Gottes, der mir Frieden bringt.
– Euch will ich meine letzte Beichte tun,
Und Euer Mund soll mir das Heil verkünden.
MELVIL. Wenn dich das Herz so mächtig dazu treibt,
So wisse, Königin, dass dir zum Troste
Gott auch ein Wunder wohl verrichten kann.
Hier sei kein Priester, sagst du, keine Kirche,
Kein Leib des Herrn? – Du irrest dich. Hier **ist**
Ein Priester, und ein Gott ist hier zugegen.
(Er entblößt bei diesen Worten das Haupt, zugleich zeigt er ihr eine Hostie in einer goldenen Schale.)
– Ich bin ein Priester, deine letzte Beichte
Zu hören, dir auf deinem Todesweg
Den Frieden zu verkündigen, hab ich
Die sieben Weihn[2] auf meinem Haupt empfangen,
Und diese Hostie überbring ich dir
Vom heil'gen Vater, die er selbst geweihet.
MARIA. O so muss an der Schwelle selbst des Todes
Mir noch ein himmlisch Glück bereitet sein!
Wie ein Unsterblicher auf goldnen Wolken
Herniederfährt, wie den Apostel einst
Der Engel führte aus des Kerkers Banden[3],
Ihn hält kein Riegel, keines Hüters Schwert,
Er schreitet mächtig durch verschloßne Pforten,
Und im Gefängnis steht er glänzend da,
So überrascht mich hier der Himmelsbote,

---

[1] vgl. Matthäus 18, V. 20
[2] während der Ausbildung und bei der Einsetzung zum Priester
[3] vgl. die Befreiung des Petrus in der Apostelgeschichte Kap. 12, V. 6 – 9, und der Apostel in Kap. 5, V. 17 – 19

Da jeder ird'sche Retter mich getäuscht!
– Und Ihr, mein Diener einst, seid jetzt der Diener
Des höchsten Gottes und sein heil'ger Mund!
Wie Eure Kniee sonst vor mir sich beugten,
So lieg ich jetzt im Staub vor Euch.
(Sie sinkt vor ihm nieder.)
MELVIL *(indem er das Zeichen des Kreuzes über sie macht).*
                                    Im Namen
Des Vaters und des Sohnes und des Geistes!
Maria, Königin! Hast du dein Herz
Erforschet, schwörst du und gelobest du
Wahrheit zu beichten vor dem Gott der Wahrheit?
MARIA. Mein Herz liegt offen da vor dir und ihm.
MELVIL. Sprich, welcher Sünde zeiht dich dein Gewissen,
Seitdem du Gott zum letzten Mal versöhnt?
MARIA. Von neid'schem Hasse war mein Herz erfüllt,
Und Rachgedanken tobten in dem Busen.
Vergebung hofft ich Sünderin von Gott,
Und konnte nicht der Gegnerin vergeben.
MELVIL. Bereuest du die Schuld, und ist's dein ernster
Entschluss, versöhnt aus dieser Welt zu scheiden?
MARIA. So wahr ich hoffe, dass mir Gott vergebe.
MELVIL. Welch andrer Sünde klagt das Herz dich an?
MARIA.
Ach, nicht durch Hass allein, durch sünd'ge Liebe
Noch mehr hab ich das höchste Gut beleidigt.
Das eitle Herz ward zu dem Mann gezogen,
Der treulos mich verlassen und betrogen!
MELVIL. Bereuest du die Schuld, und hat dein Herz
Vom eiteln Abgott sich zu Gott gewendet?
MARIA. Es war der schwerste Kampf, den ich bestand,
Zerrissen ist das letzte ird'sche Band.
MELVIL.
Welch andrer Schuld verklagt dich dein Gewissen?
MARIA. Ach, eine frühe Blutschuld, längst gebeichtet,
Sie kehrt zurück mit neuer Schreckenskraft,
Im Augenblick der letzten Rechenschaft,
Und wälzt sich schwarz mir vor des Himmels Pforten.
Den König, meinen Gatten, ließ ich morden,

Und dem Verführer schenkt ich Herz und Hand[1]!
Streng büßt ich's ab mit allen Kirchenstrafen,
3700 Doch in der Seele will der Wurm nicht schlafen[2].
MELVIL. Verklagt das Herz dich keiner andern Sünde,
Die du noch nicht gebeichtet und gebüßt?
MARIA. Jetzt weißt du alles, was mein Herz belastet.
MELVIL. Denk an die Nähe des Allwissenden!
3705 Der Strafen denke, die die heil'ge Kirche
Der mangelhaften Beichte droht! Das ist
Die Sünde zu dem ew'gen Tod, denn das
Ist wider seinen heil'gen Geist gefrevelt[3]!
MARIA. So schenke mir die ew'ge Gnade Sieg
3710 Im letzten Kampf, als ich dir wissend nichts verschwieg.
MELVIL. Wie? deinem Gott verhehlst du das Verbrechen,
Um dessentwillen dich die Menschen strafen?
Du sagst mir nichts von deinem blut'gen Anteil
An Babingtons und Parrys Hochverrat?
3715 Den zeitlichen Tod stirbst du für diese Tat,
Willst du auch noch den ew'gen dafür sterben?
MARIA. Ich bin bereit zur Ewigkeit zu gehn,
Noch eh sich der Minutenzeiger wendet,
Werd ich vor meines Richters Throne stehn,
3720 Doch wiederhol ich's, meine Beichte ist vollendet.
MELVIL. Erwäg es wohl. Das Herz ist ein Betrüger.
Du hast vielleicht mit list'gem Doppelsinn
Das Wort vermieden, das dich schuldig macht,
Obgleich der -Wille das Verbrechen teilte.
3725 Doch wisse, keine Gaukelkunst berückt
Das Flammenauge, das ins Innre blickt!
MARIA. Ich habe alle Fürsten aufgeboten,
Mich aus unwürd'gen Banden zu befrein,
Doch nie hab ich durch Vorsatz oder Tat
3730 Das Leben meiner Feindin angetastet!
MELVIL. So hätten deine Schreiber falsch gezeugt?

---

[1] vgl. die Anm. 1, S. 16 und 4, S. 17
[2] vgl. Markus 9, V. 48
[3] vgl. Matthäus 12, V. 31

MARIA. Wie ich gesagt, so ist's. Was jene zeugten,
    Das richte Gott!
MELVIL.   So steigst du, überzeugt
    Von deiner Unschuld, auf das Blutgerüste?
MARIA.
3735 Gott würdigt mich, durch diesen unverdienten Tod
    Die frühe schwere Blutschuld abzubüßen.
MELVIL *(macht den Segen über sie).*
    So gehe hin und sterbend büße sie!
    Sink ein ergebnes Opfer am Altare,
    Blut kann versöhnen, was das Blut verbrach,
3740 Du fehltest nur aus weiblichem Gebrechen,
    Dem sel'gen Geiste folgen nicht die Schwächen
    Der Sterblichkeit in die Verklärung nach.
    Ich aber künde dir, kraft der Gewalt,
    Die mir verliehen ist, zu lösen und zu binden[1],
3745 Erlassung an von allen deinen Sünden!
    Wie du geglaubet, so geschehe dir[2]!
    (Er reicht ihr die Hostie.)
    Nimm hin den Leib, er ist für dich geopfert!
    *(Er ergreift den Kelch, der auf dem Tische steht,
    konsekriert[3] ihn mit stillem Gebet, dann reicht er ihr denselben. Sie zögert, ihn anzunehmen, und weist ihn mit der
    Hand zurück.)*
    Nimm hin das Blut, es ist für dich vergossen[4]!
    Nimm hin! Der Papst erzeigt dir diese Gunst!
3750 Im Tode noch sollst du das höchste Recht
    Der Könige, das priesterliche[5], üben!
    (Sie empfängt den Kelch.)
    Und wie du jetzt dich in dem ird'schen Leib
    Geheimnisvoll mit deinem Gott verbunden,
    So wirst du dort in seinem Freudenreich,
3755 Wo keine Schuld mehr sein wird und kein Weinen,

---

[1] vgl. Jesu Worte an Petrus in Matthäus 16, V. 19
[2] vgl. Matthäus 9, V. 29
[3] weiht
[4] vgl. Jesu Worte bei der Einsetzung des Abendmahls: Matthäus 26, V. 26–28, Markus 14, V. 22–24 und Lukas 22, V. 19f.
[5] neben der Hostie auch den Wein zu empfangen

Ein schön verklärter Engel, dich
Auf ewig mit dem Göttlichen vereinen.
(Er setzt den Kelch nieder. Auf ein Geräusch, das gehört wird, bedeckt er sich das Haupt und geht an die Türe, Maria bleibt in stiller Andacht auf den Knien liegen.)
MELVIL *(zurückkommend).*
Dir bleibt ein harter Kampf noch zu bestehn.
Fühlst du dich stark genug, um jede Regung
3760 Der Bitterkeit, des Hasses zu besiegen?
MARIA. Ich fürchte keinen Rückfall. Meinen Hass
Und meine Liebe hab ich Gott geopfert.
MELVIL. Nun so bereite dich, die Lords von Leicester
Und Burleigh zu empfangen[1]. Sie sind da.

Achter Auftritt

DIE VORIGEN. BURLEIGH. LEICESTER *und* PAULET.
*Leicester bleibt ganz in der Entfernung stehen,
ohne die Augen aufzuschlagen. Burleigh,
der seine Fassung beobachtet, tritt zwischen
ihn und die* KÖNIGIN.

3765 BURLEIGH. Ich komme, Lady Stuart, Eure letzten
Befehle zu empfangen.
MARIA.   Dank, Mylord!
BURLEIGH. Es ist der Wille meiner Königin,
Dass Euch nichts Billiges verweigert werde.
MARIA. Mein Testament nennt meine letzten Wünsche.
3770 Ich hab's in Ritter Paulets Hand gelegt
Und bitte, dass es treu vollzogen werde.
PAULET. Verlasst Euch drauf.
MARIA. Ich bitte, meine Diener ungekränkt
Nach Schottland zu entlassen, oder Frankreich,
3775 Wohin sie selber wünschen und begehren.
BURLEIGH. Es sei, wie Ihr es wünscht.
MARIA.   Und weil mein Leichnam

---

[1] vgl. Anm. 2 auf S. 110

Nicht in geweihter Erde[1] ruhen soll,
So dulde man, dass dieser treue Diener
Mein Herz nach Frankreich bringe zu den Meinen.
– Ach! Es war immer dort!
BURLEIGH.   Es soll geschehn!
Habt Ihr noch sonst –
MARIA.   Der Königin von England
Bringt meinen schwesterlichen Gruß – Sagt ihr,
Dass ich ihr meinen Tod von ganzem Herzen
Vergebe, meine Heftigkeit von gestern
Ihr reuevoll abbitte – Gott erhalte sie,
Und schenk ihr eine glückliche Regierung!
BURLEIGH.
Sprecht! Habt Ihr noch nicht bessern Rat erwählt?
Verschmäht Ihr noch den Beistand des Dechanten[2]?
MARIA. Ich bin mit meinem Gott versöhnt – Sir Paulet!
Ich hab Euch schuldlos vieles Weh bereitet,
Des Alters Stütze Euch geraubt – O lasst
Mich hoffen, dass Ihr meiner nicht mit Hass
Gedenket –
PAULET *(gibt ihr die Hand)*.
                    Gott sei mit Euch! Gehet hin im Frieden[3]!

Neunter Auftritt

DIE VORIGEN. HANNA KENNEDY *und die andern* FRAUEN
der KÖNIGIN *dringen herein mit Zeichen des
Entsetzens, ihnen folgt der* SHERIFF, *einen weißen
Stab in der Hand, hinter demselben sieht man
durch die offen bleibende Türe* GEWAFFNETE MÄNNER.

MARIA. Was ist dir, Hanna? – Ja, nun ist es Zeit!
Hier kommt der Sheriff, uns zum Tod zu führen.

---

[1] Marias Leichnam wurde in der Kathedrale von Peterborough in der Nähe von Fotheringhay bestattet. Als englischer König Jakob I. ließ ihn ihr Sohn in die Westminster Abbey nach London bringen (vgl. S. 173–175 im Anhang).
[2] vgl. die Anm. 3, S. 12
[3] vgl. 2. Samuel 15, V. 9

Es muss geschieden sein! Lebt wohl! Lebt wohl!
(Ihre Frauen hängen sich an sie mit heftigem Schmerz; zu Melvil.)
Ihr, werter Sir, und meine treue Hanna
Sollt mich auf diesem letzten Gang begleiten.
Mylord versagt mir diese Wohltat nicht!
BURLEIGH. Ich habe dazu keine Vollmacht.
MARIA. Wie?
Die kleine Bitte könntet Ihr mir weigern?
Habt Achtung gegen mein Geschlecht! Wer soll
Den letzten Dienst mir leisten! Nimmermehr
Kann es der Wille meiner Schwester[1] sein,
Dass mein Geschlecht in mir beleidigt werde,
Der Männer rohe Hände mich berühren!
BURLEIGH. Es darf kein Weib die Stufen des Gerüstes
Mit Euch besteigen – Ihr Geschrei und Jammern –
MARIA. Sie soll nicht jammern! Ich verbürge mich
Für die gefasste Seele meiner Hanna!
Seid gütig, Lord. O trennt mich nicht im Sterben
Von meiner treuen Pflegerin und Amme!
Sie trug auf ihren Armen mich ins Leben,
Sie leite mich mit sanfter Hand zum Tod.
PAULET *(zu Burleigh).*
Lasst es geschehn.
BURLEIGH. Es sei.
MARIA. Nun hab ich nichts mehr
Auf dieser Welt –
(Sie nimmt das Kruzifix und küsst es.)
Mein Heiland! Mein Erlöser!
Wie du am Kreuz die Arme ausgespannt,
So breite sie jetzt aus, mich zu empfangen.
(Sie wendet sich zu gehen, in diesem Augenblick begegnet ihr Auge dem Grafen Leicester, der bei ihrem Aufbruch unwillkürlich aufgefahren und nach ihr hingesehen. – Bei diesem Anblick zittert Maria, die Knie versagen ihr, sie ist im Begriff hinzusinken, da ergreift sie Graf Leicester und empfängt sie in seinen Armen. Sie sieht ihn eine Zeit

---

[1] Elisabeth, vgl. die V. 3781 f.

lang ernst und schweigend an, er kann ihren Blick nicht aushalten, endlich spricht sie.)
Ihr haltet Wort, Graf Leicester – Ihr verspracht
Mir Euren Arm, aus diesem Kerker mich
Zu führen, und Ihr leihet mir ihn jetzt!
(Er steht wie vernichtet. Sie fährt mit sanfter Stimme fort.)
Ja, Leicester, und nicht bloß
Die Freiheit wollt ich Eurer Hand verdanken.
Ihr solltet mir die Freiheit t e u e r machen,
An Eurer Hand, beglückt durch Eure Liebe,
Wollt ich des neuen Lebens mich erfreun.
Jetzt, da ich auf dem Weg bin, von der Welt
Zu scheiden und ein sel'ger Geist zu werden,
Den keine ird'sche Neigung mehr versucht,
Jetzt, Leicester, darf ich ohne Schamerröten
Euch die besiegte Schwachheit eingestehn –
Lebt wohl, und wenn Ihr könnt, so lebt beglückt!
Ihr durftet werben um zwei Königinnen,
Ein zärtlich liebend Herz habt Ihr verschmäht,
Verraten, um ein stolzes zu gewinnen,
Kniet zu den Füßen der Elisabeth!
Mög Euer Lohn nicht Eure Strafe werden!
Lebt wohl! – Jetzt hab ich nichts mehr auf der Erden!
(Sie geht ab, der Sheriff voraus, Melvil und die Amme ihr zur Seite, Burleigh und Paulet folgen, die Übrigen sehen ihr jammernd nach, bis sie verschwunden ist, dann entfernen sie sich durch die zwei andern Türen.)

Zehnter Auftritt

LEICESTER *allein zurückbleibend.*

Ich lebe noch! Ich trag es, noch zu leben!
Stürzt dieses Dach nicht sein Gewicht auf mich!
Tut sich kein Schlund auf, das elendeste
Der Wesen zu verschlingen! W a s hab ich
Verloren! Welche Perle warf ich hin!

Welch Glück der Himmel hab ich weggeschleudert!
– Sie geht dahin, ein schon verklärter Geist,
Und m i r bleibt die Verzweiflung der Verdammten.
– Wo ist mein Vorsatz hin, mit dem ich kam,
Des Herzens Stimme fühllos zu ersticken?
Ihr fallend Haupt zu sehn mit unbewegten Blicken?
Weckt mir ihr Anblick die erstorbne Scham?
Muss sie im Tod mit Liebesbanden mich umstricken?
– Verworfener, dir steht es nicht mehr an,
In zartem Mitleid weibisch hinzuschmelzen,
Der Liebe Glück liegt nicht auf d e i n e r Bahn,
Mit einem ehrnen Harnisch[1] angetan
Sei deine Brust, die Stirne sei ein Felsen!
Willst du den Preis der Schandtat nicht verlieren,
Dreist musst du sie behaupten und vollführen!
Verstumme, Mitleid! Augen, werdet Stein,
Ich seh sie fallen, ich will Zeuge sein.
*(Er geht mit entschlossnem Schritt der Türe zu,
durch welche Maria gegangen, bleibt aber auf der Mitte
des Weges stehen.)*
Umsonst! Umsonst! Mich fasst der Hölle Grauen,
Ich kann, ich kann das Schreckliche nicht schauen,
Kann sie nicht sterben sehen – Horch! Was war das?
Sie sind schon unten – Unter meinen Füßen
Bereitet sich das fürchterliche Werk.
Ich höre Stimmen – Fort! Hinweg! Hinweg
Aus diesem Haus des Schreckens und des Todes!
*(Er will durch eine andre Tür entfliehn, findet sie aber
verschlossen und fährt zurück.)*
Wie? Fesselt mich ein Gott an diesen Boden?
Muss ich anhören, was mir anzuschauen graut?
Die Stimme des Dechanten – Er ermahnet sie –
– Sie unterbricht ihn – Horch! – Laut betet sie –
Mit fester Stimme – Es wird still – Ganz still!
Nur schluchzen hör ich, und die Weiber weinen –
Sie wird entkleidet – Horch! Der Schemel wird
Gerückt – Sie kniet aufs Kissen – legt das Haupt –

---

[1] Ritterrüstung aus Eisenerz

(Nachdem er die letzten Worte mit steigender Angst gesprochen und eine Weile innegehalten, sieht man ihn plötzlich mit einer zuckenden Bewegung zusammenfahren und ohnmächtig niedersinken, zugleich erschallt von unten herauf ein dumpfes Getöse von Stimmen, welches lange forthallt.)

Das zweite Zimmer des vierten Aufzugs.

Elfter Auftritt

ELISABETH *tritt aus einer Seitentüre, ihr Gang und ihre Gebärden drücken die heftigste Unruhe aus.*

Noch niemand hier – Noch keine Botschaft – Will es
Nicht Abend werden[1]? Steht die Sonne fest
In ihrem himmlischen Lauf? – Ich soll noch länger
Auf dieser Folter der Erwartung liegen.
– I s t es geschehen? Ist es n i c h t ? – Mir graut
Vor beidem, und ich wage nicht zu fragen!
Graf Leicester zeigt sich nicht, auch Burleigh nicht,
Die ich ernannt, das Urteil zu vollstrecken.
Sind sie von London abgereist – Dann ist's
Geschehn, der Pfeil ist abgedrückt, er fliegt,
Er trifft, er hat getroffen, gält's mein Reich,
Ich kann ihn nicht mehr halten – Wer ist da?

3880

3885

Zwölfter Auftritt

ELISABETH. EIN PAGE[2].

ELISABETH.
Du kommst allein zurück – Wo sind die Lords?
PAGE. Mylord von Leicester und der Großschatzmeister –

---

[1] vgl. die Einladung der Emmausjünger an den auferstandenen Jesus in Lukas 24, V. 29
[2] Edelknabe, Bote

ELISABETH *(in der höchsten Spannung).*
   Wo sind sie?
PAGE.   Sie sind nicht in London.
ELISABETH.   Nicht?
   – Wo sind sie denn?
PAGE.   Das wusste niemand mir zu sagen.
   Vor Tages Anbruch hätten beide Lords
   Eilfertig und geheimnisvoll die Stadt
   Verlassen.
ELISABETH *(lebhaft ausbrechend).*
              Ich bin Königin von England!
   (Auf und nieder gehend in der höchsten Bewegung.)
   Geh! Rufe mir – nein, bleibe – Sie ist tot!
   Jetzt endlich hab ich Raum auf dieser Erde.
   – Was zittr' ich? Was ergreift mich diese Angst?
   Das Grab deckt meine Furcht, und wer darf sagen,
   Ich hab's getan! Es soll an Tränen mir
   Nicht fehlen, die Gefallne zu beweinen!
   (Zum Pagen.)
   Stehst du noch hier? – Mein Schreiber Davison
   Soll augenblicklich sich hierher verfügen.
   Schickt nach dem Grafen Shrewsbury – Da ist
   Er selbst! *(Page geht ab.)*

Dreizehnter Auftritt

ELISABETH. GRAF SHREWSBURY.

ELISABETH. Willkommen, edler Lord. Was bringt Ihr?
   Nichts Kleines kann es sein, was Euren Schritt
   So spät hierherführt.
SHREWSBURY.   Große Königin,
   Mein sorgenvolles Herz, um deinen Ruhm
   Bekümmert, trieb mich heute nach dem Tower,
   Wo Kurl und Nau, die Schreiber der Maria
   Gefangen sitzen, denn noch einmal wollt ich
   Die Wahrheit ihres Zeugnisses erproben.
   Bestürzt, verlegen weigert sich der Leutnant

Des Turms, mir die Gefangenen zu zeigen,
Durch Drohung nur verschafft ich mir den Eintritt,
– Gott, welcher Anblick zeigte mir sich da!
Das Haar verwildert, mit des Wahnsinns Blicken,
Wie ein von Furien Gequälter, lag
Der Schotte Kurl auf seinem Lager – Kaum
Erkennt mich der Unglückliche, so stürzt er
Zu meinen Füßen – schreiend, meine Knie
Umklammernd mit Verzweiflung, wie ein Wurm
Vor mir gekrümmt – fleht er mich an, beschwört mich,
Ihm seiner Königin Schicksal zu verkünden;
Denn ein Gerücht, dass sie zum Tod verurteilt sei,
War in des Towers Klüfte eingedrungen.
Als ich ihm das bejahet nach der Wahrheit,
Hinzugefügt, dass es s e i n Zeugnis sei,
Wodurch sie sterbe, sprang er wütend auf,
Fiel seinen Mitgefangnen an, riss ihn
Zu Boden, mit des Wahnsinns Riesenkraft,
Ihn zu erwürgen strebend. Kaum entrissen wir
Den Unglücksel'gen seines Grimmes Händen.
Nun kehrt' er gegen s i c h die Wut, zerschlug
Mit grimm'gen Fäusten sich die Brust, verfluchte sich
Und den Gefährten allen Höllengeistern.
Er habe falsch gezeugt, die Unglücksbriefe
An Babington, die er als echt beschworen,
Sie seien falsch, er habe andre Worte
Geschrieben, als die Königin diktiert,
Der Böswicht Nau hab ihn dazu verleitet.
Drauf rannt er an das Fenster, riss es auf
Mit wütender Gewalt, schrie in die Gassen
Hinab, dass alles Volk zusammenlief,
Er sei der Schreiber der Maria, sei
Der Böswicht, der sie fälschlich angeklagt,
Er sei verflucht, er sei ein falscher Zeuge!
ELISABETH. Ihr sagtet selbst, dass er von Sinnen war.
Die Worte eines Rasenden, Verrückten,
Beweisen nichts.
SHREWSBURY.   Doch dieser Wahnsinn selbst
Beweiset desto mehr! O Königin!
Lass dich beschwören, übereile nichts,

Befiehl, dass man von neuem untersuche.
ELISABETH. Ich will es tun – weil Ihr es wünschet, Graf,
Nicht weil ich glauben kann, dass meine Peers
3955 In dieser Sache übereilt gerichtet.
Euch zur Beruhigung erneure man
Die Untersuchung – Gut, dass es noch Zeit ist!
An unsrer königlichen Ehre soll
Auch nicht der Schatten eines Zweifels haften.

Vierzehnter Auftritt

DAVISON *zu den* VORIGEN.

3960 ELISABETH. Das Urteil, Sir, das ich in Eure Hand
Gelegt – Wo ist's?
DAVISON *(im höchsten Erstaunen)*.
                    Das Urteil?
ELISABETH.   Das ich gestern
Euch in Verwahrung gab –
DAVISON.   Mir in Verwahrung!
ELISABETH. Das Volk bestürmte mich, zu unterzeichnen,
Ich musst ihm seinen Willen tun, ich tat's,
3965 Gezwungen tat ich's, und in Eure Hände
Legt ich die Schrift, ich wollte Zeit gewinnen,
Ihr wisst, was ich Euch sagte – Nun! Gebt her!
SHREWSBURY. Gebt, werter Sir, die Sachen liegen anders,
Die Untersuchung muss erneuert werden.
3970 DAVISON. Erneuert? – Ewige Barmherzigkeit!
ELISABETH.
Bedenkt Euch nicht so lang. Wo ist die Schrift?
DAVISON *(in Verzweiflung)*.
Ich bin gestürzt, ich bin ein Mann des Todes!
ELISABETH *(hastig einfallend)*.
Ich will nicht hoffen, Sir –
DAVISON.   Ich bin verloren!
Ich hab sie nicht mehr.
ELISABETH.   Wie? Was?
SHREWSBURY.   Gott im Himmel!

DAVISON.
3975 Sie ist in Burleighs Händen – schon seit gestern.
ELISABETH. Unglücklicher? So habt Ihr mir gehorcht,
Befahl ich Euch nicht streng, sie zu verwahren?
DAVISON. Das hast du nicht befohlen, Königin.
ELISABETH. Willst du mich Lügen strafen, Elender?
3980 Wann hieß ich dir die Schrift an Burleigh geben?
DAVISON. Nicht in bestimmten, klaren Worten – aber –
ELISABETH.
Nichtswürdiger! Du wagst es, meine Worte
Zu d e u t e n ? Deinen eignen blut'gen Sinn
Hineinzulegen? – Wehe dir, wenn Unglück
3985 Aus dieser eigenmächt'gen Tat erfolgt,
Mit deinem Leben sollst du mir's bezahlen.
– Graf Shrewsbury, Ihr sehet, wie mein Name
Gemissbraucht wird.
SHREWSBURY. Ich sehe – O mein Gott!
ELISABETH. Was sagt Ihr?
SHREWSBURY. Wenn der Squire[1] sich dieser Tat
3990 Vermessen hat auf eigene Gefahr
Und ohne deine Wissenschaft gehandelt,
So muss er vor den Richterstuhl der Peers
Gefodert werden, weil er deinen Namen
Dem Abscheu aller Zeiten preisgegeben.

Letzter Auftritt

DIE VORIGEN. BURLEIGH, *zuletzt* KENT.

BURLEIGH *(beugt ein Knie vor der Königin).*
3995 Lang lebe meine königliche Frau,
Und mögen alle Feinde dieser Insel
Wie diese Stuart enden!
*(Shrewsbury verhüllt sein Gesicht, Davison ringt
verzweiflungsvoll die Hände.)*
ELISABETH. Redet, Lord!

---

[1] Herr

Habt Ihr den tödlichen Befehl von mir
Empfangen?
BURLEIGH.   Nein, Gebieterin! Ich empfing ihn
Von Davison.
    ELISABETH.   Hat Davison ihn Euch
In meinem Namen übergeben?
BURLEIGH.   Nein!
Das hat er nicht –
ELISABETH.   Und Ihr vollstrecktet ihn,
Rasch, ohne meinen Willen erst zu wissen?
Das Urteil war gerecht, die Welt kann uns
Nicht tadeln, aber Euch gebührte nicht,
Der Milde unsres Herzens vorzugreifen –
Drum seid verbannt von unserm Angesicht!
(Zu Davison.)
Ein strengeres Gericht erwartet Euch,
Der seine Vollmacht frevelnd überschritten,
Ein heilig anvertrautes Pfand veruntreut.
Man führ ihn nach dem Tower, es ist mein Wille,
Dass man auf Leib und Leben ihn verklage.
– Mein edler Talbot! Euch allein hab ich
Gerecht erfunden unter meinen Räten,
Ihr sollt fortan mein Führer sein, mein Freund –
SHREWSBURY. Verbanne deine treusten Freunde nicht,
Wirf sie n i c h t ins Gefängnis, die für dich
Gehandelt haben, die jetzt für dich schweigen.
– Mir aber, große Königin, erlaube,
Dass ich das Siegel, das du mir zwölf Jahre
Vertraut, zurück in deine Hände gebe.
ELISABETH *(betroffen)*.
Nein, Shrewsbury! Ihr werdet mich jetzt nicht
Verlassen, jetzt –
SHREWSBURY.   Verzeih, ich bin zu alt,
Und diese grade Hand, sie ist zu starr,
Um deine neuen Taten zu versiegeln.
ELISABETH. Verlassen wollte mich der Mann, der mir
Das Leben rettete?
SHREWSBURY.   Ich habe wenig
Getan – Ich habe deinen edlern Teil
Nicht retten können. Lebe, herrsche glücklich!

⁴⁰³⁰ Die Gegnerin ist tot. Du hast von nun an
Nichts mehr zu fürchten, brauchst nichts mehr zuachten.
(Geht ab.)
ELISABETH *(zum Grafen Kent, der hereintritt).*
Graf Leicester komme her!
KENT. Der Lord lässt sich
Entschuldigen, er ist zu Schiff nach Frankreich.
(Sie bezwingt sich und steht mit ruhiger Fassung da. Der Vorhang fällt.)

Anhang

I. Friedrich Schiller

Friedrich Schiller

Leben und Werk

*10.11.1759 in Marbach am Neckar
† 9.5.1805 in Weimar

Es ist kein Zufall, dass die Jugendgeschichte Friedrich Schillers als Stoff für Erzählungen, Romane und Schauspiele diente und sogar verfilmt wurde. Als Sohn eines württembergischen Wundarztes und Offiziers stammte er aus einfachen Verhältnissen. In Marbach am Neckar kann man heute noch das bescheidene Haus besichtigen, in dem Schiller geboren wurde. Nach dem Besuch der Schule in Lorch und Ludwigsburg hatte er eigentlich Theologie studieren wollen, aber Herzog Karl Eugen von Württemberg, der die Geschicke seiner Untertanen nach eigenem Gutdünken willkürlich bestimmte, schickte den begabten Jungen im Alter von dreizehn Jahren auf die „Karlsschule", wo er Medizin studieren sollte. Schiller war zwar ein tüchtiger Student, litt aber schwer unter dem Druck und dem sturen Drill, der an dieser Militärakademie herrschte. Kritisch beobachtete er das despotische Verhalten des Herzogs und schrieb sich den angestauten Groll [...] schließlich 1781 in seinem ersten Drama *Die Räuber* vom Herzen. Als das Werk bei seiner Erstaufführung in Mannheim ein ungeheurer Erfolg wurde und Schiller mit einer Bestrafung durch den Herzog rechnen musste, floh er von Württemberg [...] und verbrachte die nächsten fünf Jahre an wechselnden Orten, [z.T.] in bedrückender Armut. Trotzdem verfasste er in dieser Zeit eine Reihe von Gedichten und mehrere Schauspiele, wie *Kabale und Liebe* (1784), eine erneute Anklage gegen die Willkür der Fürsten, und *Don Carlos* (1787), sein erstes Schauspiel in Jamben [...], die er fortan für alle seine Tragödien verwendete.

1787 wollte er sich in Weimar niederlassen, da er hoffte, dort in der Nähe von Goethe, Wieland und Herder Anregungen für sein literarisches Schaffen zu finden. Dieser Versuch schlug zwar fehl, aber nach der Veröffentlichung eines Geschichtswerkes über die *Geschichte des Abfalls der Vereinigten Niederlande* erhielt er durch die Vermittlung Goethes eine Professur für Geschichte an der Universität im nahe gelegenen Jena übertragen. Seine durch Not, Sorgen und übermäßige Arbeit zerrüttete Gesundheit hinderte ihn an einer regelmäßigen Lehrtätigkeit. Erst durch ein Stipendium von 1000 Talern, das ihm dänische Freunde für drei Jahre vermittelten, besserte sich seine wirtschaftliche Lage, er heiratete und konnte sich unbeschwerter als je zuvor seinen wissenschaftlichen Studien und seinen Dichtungen widmen. Im Studium und in der Auseinandersetzung mit den Schriften des Philosophen Immanuel Kant gelangte er zu philosophischen Erkenntnissen, die auch sein künstlerisches Schaffen beeinflussten. In mehreren Schriften wie *Anmut und Würde* (1793) und *Über naive und sentimentalische Dichtung* (1795) legte er die Ergebnisse dieser Einsichten nieder.

Die große Wende in seinem Leben kam 1794, als sich endlich die von ihm ersehnte Freundschaft mit Goethe anbahnte. Der geistige Austausch zwischen den beiden Dichtern, der sich anfangs in zahlreichen Briefen, später in engen persönlichen Kontakten niederschlug, spornte ihn zu dichterischen Höchstleistungen an. In den nun folgenden elf Jahren bis zu seinem Tod schrieb er eine Reihe bedeutender Werke. Dazu zählen Gedichte wie *Das Lied von der Glocke*, [...] *Der Spaziergang* und seine berühmtesten Balladen *Der Ring des Polykrates*, *Die Bürgschaft* und *Die Kraniche des Ibykus*, in denen er mit Vorliebe geschichtliche Stoffe verarbeitete. 1799 übersiedelte er mit seiner Familie von Jena nach Weimar, um in noch engerem Kontakt mit Goethe stehen zu können. Nun entstanden seine Meisterdramen. Im Gegensatz zu seinen frühen Werken, die dem Sturm und Drang zugerechnet werden und in denen er mit der Anklage gegen Willkür und Gewalt seine Gefühle sprechen ließ, griff er in diesen Werken, die zusammen mit den gleichzeitigen Dichtungen Goethes den Höhepunkt der deutschen Klassik bildeten, historische Stoffe auf. In ihnen beschäftigte er sich zugleich aber auch mit dem Problem um die innere Freiheit der Menschen. Nach dreijähriger Arbeit vollendete er 1799 *Wallenstein*. Die breit angelegte, gewaltige Handlung dieses Dramas (drei Teile mit elf Akten) gestaltet das Schicksal des Feldherrn und seinen aus einem zögernden Willen heraus erwachsenen Verrat.

Es folgen die Dramen *Maria Stuart, Die Jungfrau von Orleans, Die Braut von Messina* und schließlich 1804 *Wilhelm Tell,* das den Kampf der Schweizer gegen die Unterdrückung schildert. Die letzten Lebensjahre des Dichters waren von Krankheit und Sorgen überschattet. Bei seinem Tode war er in Deutschland bekannter und beliebter als sein Freund und Vorbild Goethe.

Aus: Heinrich Pleticha (Hrsg.): dtv junior Literatur-Lexikon. Stuttgart und Berlin: Deutscher Taschenbuch Verlag und Cornelsen Verlag, 9. Aufl., 1996

Schiller liest „Maria Stuart" in seiner Wohnung in Weimar vor

Der Dichter arbeitet ab Juni 1799 an dem Drama, dessen Entstehen viele Gespräche mit Goethe begleiten. Am 5. Mai 1800 sind die ersten vier Akte fertig, die Schiller sechs Tage später einem Kreis von Schauspielern vorliest. Insbesondere wollte er Karoline Jagemann für die Rolle der Elisabeth gewinnen, die sie in der Uraufführung am 14. Juni im Weimarer Hoftheater schließlich auch verkörpert. Zur Arbeit am fünften Akt zieht sich Schiller vom 15. Mai bis 2. Juni auf das herzogliche Schloss Ettersburg bei Weimar zurück.

Amalie von Voigt (1778 – 1840) beschreibt die Lesung bei Schiller und wie sich deren Beginn immer weiter in die Nacht hinein verzögert. Ihre Ausführungen werfen ein Licht auf Schillers Persönlichkeit, seine Konzeption der Maria und nicht zuletzt auf das gesellschaftliche Leben in der kleinen Residenzstadt.

„Die vier ersten Akte der Maria Stuart waren fertig. Ehe Schiller noch an den fünften ging, wollte er sich einer ihm genügenden Elisabeth versichern, indem ihm für die Darstellung dieser Rolle mehr bangte als für die der Maria. Er lud daher eine kleine Gesellschaft, unter der sich Demoiselle Jagemann befand oder vielmehr diejenige war, auf die er es abgesehen, zu sich ein, die fertigen vier Aufzüge vorlesen zu hören. Er hatte damals schon, auf dringende Vorstellung von Ärzten und Freunden, der schädlichen Gewohnheit entsagt, erst nach Sonnenaufgang sich zur Ruhe zu legen und die Nächte der Arbeit zu widmen; aber es ging ihm damit wie vielen anderen, die ungern eine Lieblingsneigung aufgeben; er ergriff begierig jede Veranlassung, die ihm einen Vorwand lieh, zu der alten Sitte zurückzukehren und sich deshalb doch bei sich selbst rechtfertigen zu können. Die Vorlesung sollte zeitig beginnen, um fünf Uhr war auch die ganze Gesellschaft bis auf ein einziges Glied beisammen; Schiller aber bestand darauf zu warten, unterhielt so angenehm und geistreich und war so herzlich vergnügt, dass man wohl gestehen musste, für das Harren mehr als entschädigt zu sein. Endlich erschien der Zögernde, man bestürmte ihn mit Vorwürfen, er verantwortete sich aber dadurch, dass er die Schuld auf Schillern wälzte, der ihn erst zum Abendessen eingeladen habe, und wirklich konnte dieser sich nicht ganz von dem Vorwurf reinigen, als habe er mit Vorbedacht die Einladung so zweideutig gestellt, um das Vorlesen erst spät zu beginnen. Bis zum Essen sei die Zeit nun offenbar zu kurz, meinte Schiller; nach Tische gäbe es keine Unterbrechung mehr, und so wäre es ratsamer, erst dann anzufangen. Als man einstweilen doch etwas Näheres über die Anlage des Stückes wissen wollte, verweigerte er es lächelnd, um den Eindruck nicht zu schwächen; bloß so viel gestand er ein, dass er seine Maria nicht schuldlos genommen, weil eine ganz engelreine Heldin ihm untragisch vorkomme. Später, bei dem Lesen selbst, sagte er, es habe ihm der Sache angemessener geschienen, gleich zu Anfange die Schuld, welche auf Marien laste, kundzumachen; im Verfolg[1] des Stückes verringere sich dann immer mehr und mehr ihr Vergehen und zuletzt stehe sie fast makellos da, statt dass es eine unziemliche Wirkung tun würde, wenn erst nach und nach ihr Vergehen an den Tag komme; man dürfe nicht lange in Ungewissheit bleiben, was in den Beschuldigungen ihrer Feinde Verleumdung, was Wahrheit sei.

Ein fröhliches Gespräch, das Schiller trefflich zu beleben und zu leiten wusste, verlängerte das Verweilen bei Tische. Einige Fläschchen Konstanzia-Wein (die Gabe eines Buchhändlers, der Lust hatte, Schillers Verleger zu werden) wurden auf das Gelingen des Trauerspiels geleert, besonders auf das des fünften Aktes, vor dem sich Schiller ein wenig

---

[1] Verlauf

scheuete. Unmittelbar nach dem Essen wollte er nicht lesen, und so nahete elf Uhr heran, ehe die Vorlesung begann. Rechnet man, dass die vier Aufzüge, ohne alle Weglassung (und es ist wahrscheinlich, dass im Druck noch hier und da etwas wegblieb) vorgelesen wurden und dass Unterbrechungen durch die Zwischenreden des kleinen Publikums, das seinem Entzücken über die herrlichen Dinge, die es vernahm, doch auch Worte geben wollte, nicht ausblieben, so wird man sich nicht wundern, dass die Mainacht noch während des Lesens zum Maimorgen wurde und die Gesellschaft erst beim Beginn der Morgenröte auseinanderging.

Schiller las stehend, zuweilen auf einem Stuhle knieend, nicht, was man eigentlich schön oder kunstgerecht nennt, woran ihn auch sein etwas hohles Organ hinderte, aber mit Begeisterung, mit Feuer, ohne Manier[1] und Übertreibung, sodass er auch als Vorleser genügte und seine Begeisterung die Zuhörer hinriss. Demoiselle Jagemann weigerte sich im Geringsten nicht, die Elisabeth darzustellen, zumal auch Schiller und die Übrigen es anschaulich machten, welche ungleich größere Kunstleistung es sei, die Elisabeth darzustellen als die Maria, indem diese sich gewissermaßen von selbst spiele.

Damals wollte der Dichter die beiden Repräsentantinnen der Elisabeth und Maria miteinander in den Rollen wechseln lassen, bis er späterhin von der Unstatthaftigkeit dieses Planes überzeugt wurde, doch aber ungern davon abging."

Amalie von Voigt: Schillers Persönlichkeit III, S. 113–115. Zitiert nach den Erläuterungen und Dokumenten zu Friedrich Schiller, Maria Stuart, hrsg. von Christian Grawe. Stuttgart: Reclam 1978, S. 64–67

---

[1] Künstelei

Anhang 155

Das Weimarer Hoftheater, um 1835, in dem am 14. Juni 1800 „Maria Stuart" uraufgeführt wurde. Lithografie um 1835

2. Geschichtlicher Hintergrund

Die historische Maria Stuart

Schottische Politik im 16. Jahrhundert wird von drei Faktoren bestimmt:

1. England unternimmt immer neue, auch militärische Versuche, Schottland in seine politische Abhängigkeit zu zwingen, sodass das nördliche Land immer wieder die alte Allianz mit Frankreich, dem englischen Erbfeind, erneuert, was zu wiederholten Teilbesetzungen durch beide Mächte führt. Schottland ist also ein Spielball ausländischer Interessen.
2. Aus dieser politischen Konstellation versucht der Adel, in feindliche, oft wechselnde Gruppierungen aufgesplittert, seine eigenen Vorteile zu ziehen, was die Königsmacht schwächt, zumal nahezu das ganze 16. Jahrhundert hindurch minderjährige Monarchen den Thron innehaben und die Regentschaft[1] einen weiteren Zankapfel des Adels bildet. (Jakob V. [1513–42] ist achtzehn Monate alt, als sein Vater Jakob IV. [1488–1513] ermordet wird. Als er selbst einunddreißigjährig stirbt, ist seine Tochter Maria [1542 bis 1587] fünf Tage alt. Als ihr Sohn Jakob VI. [1567 bis 1625] nach ihrer erzwungenen Abdankung gekrönt wird, ist er ein Jahr alt.)
3. Beide Faktoren beeinflussen die Situation in Schottland noch stärker, als die Reformation nach Norden vordringt und das protestantische England Heinrichs VIII. und das katholische Frankreich Heinrichs II. Exponenten religiöser Kräfte werden. Maria wird der Preis für französische Unterstützung im Kampf gegen England und wird 1548 zur Erziehung nach Frankreich gebracht. 1558 heiratet sie den Dauphin[2], der 1559 als Franz II. König wird und 1560 stirbt. Für Marias späteres Schicksal sind diese Jahre entscheidend: Unter der Aufsicht ihrer Guise-Verwandten[3] wird sie zur überzeugten

---

[1] Vertretung des Herrschers
[2] französischer Thronfolger
[3] vgl. die Verwandtschaftsverhältnisse auf S. 164f.

Katholikin, und unter dem Einfluss des französischen Königs erkennt sie Elisabeth 1558 nicht als englische Königin an, sondern erhebt selbst den Anspruch, rechtmäßige englische Thronfolgerin zu sein, da ihre Großmutter Margarete Tudor die Schwester Heinrichs VIII. war und Elisabeth aus katholischer Sicht nur dessen illegitime Tochter. Damit wird sie zur ständigen Bedrohung Elisabeths.

William Cecil, Baron Burghley, Schatzkanzler unter Elisabeth I.
Gemälde, Marcus Geeraerts d.J. zugeschrieben (1561–1635)

Elisabeth hat bei ihrem Regierungsantritt den Protestantismus nach der kurzen Herrschaft ihrer katholischen Halbschwester Maria (1553–58) wiederhergestellt. Ihr politisches Hauptziel, von ihrem wichtigsten Berater William

Cecil fast vierzig Jahre lang mit größter Geschicklichkeit verwirklicht, muss es sein, in einem von katholischen Großmächten beherrschten Europa zu überleben, indem sie diese gegeneinander ausspielt. (Ihre Heiratsprojekte sind Teil dieser Strategie.) Da 1560 der Protestantismus offiziell als Staatsreligion in Schottland eingeführt wird und Elisabeth mit dem nördlichen Nachbarn den Vertrag von Edinburg abschließt, nach dem sie als englischer Souverän[1] anerkannt wird und alle ausländischen Truppen Schottland verlassen sollen, bedeutet die Rückkehr der katholisch-französischen Königinwitwe Maria Stuart, die den Vertrag von Edinburg nicht anerkannt hat, einen politischen Unruheherd.

Maria trifft im August 1561 wieder in Schottland ein und meistert die Lage, unterstützt von der klugen Politik ihres protestantischen Halbbruders Jakob, Graf von Moray, zunächst bemerkenswert. Aber zur dauerhaften Festigung ihrer Macht hätte sie entweder John Knox beseitigen müssen, den protestantischen Fanatiker pathologischen[2] Zuschnitts, dem sie in selbstmörderischer Toleranz gestattet, seinen Unflat über sie auszuschütten und politischen Aufruhr zu predigen; hätte ihn mundtot machen müssen, statt sich mit ihm in religiöse Streitgespräche einzulassen und ihre glänzende Renaissancebildung[3] und französische Kultur an einen bornierten Enthusiasten zu verschwenden. Oder sie hätte, wie es wenig später Heinrich IV. von Frankreich tat, ihre Religion aufgeben müssen, um nicht als religiöse Gegenkraft im Land empfunden zu werden. 1565 spitzt sich ihre Lage zu, und Ereignisse vor allem dieser Jahre, zu Marias Ungunsten interpretiert, werden bei Schiller im ersten Akt rekapituliert. Moray betreibt nun proenglische Politik gegen Maria, und sie heiratet ihren Vetter Henry Darnley. Ihre Heirat (29.7.1565) vereinigt offenbar dynastische und persönliche Motive: Die Königin scheint sich in den Neunzehnjährigen verliebt zu haben, der allerdings als Enkel der Schwester Heinrichs VIII. eine große

---

[1] Herrscher
[2] krankhaft
[3] insbesondere im Bereich der Künste

Rolle in der englischen Thronfolge spielt. Maria kann ihn also durch die Heirat als Konkurrenten um den englischen Thron ausschalten und zugleich ihren eigenen Anspruch gemeinsam mit ihm verstärken. Die Ehe stellt sich schnell als Katastrophe heraus. Dem eitlen, häufig betrunkenen, wahrscheinlich syphiliskranken Darnley gelingt es in kurzer Zeit, sich politisch völlig zu isolieren, weil er ständig seine politischen Allianzen wechselt. Einer seiner waghalsigsten Frontwechsel geschieht 1566: Im Gefolge des Gesandten von Savoyen[1] ist 1561 David Riccio nach Schottland gekommen und 1564 von Maria als Sekretär eingestellt worden. Als politischer Günstling von niedriger Geburt, ausgestattet mit erheblicher Macht und offenbar bestechlich, erregt er den immer heftigeren Unwillen des schottischen Adels und die Eifersucht des Königs. Es gehört zu Schillers Konzept der sündigen Maria zu Anfang des Stückes, dass er die häufig vermutete Liebesaffäre zwischen Maria und Riccio anklingen lässt (I,2), die vor allem Buchanan überliefert. Im Beisein der schwangeren Königin wird Riccio am 9. März 1566 von Darnley und einigen Adligen ermordet. Darnley geht noch in derselben Nacht zur Partei der Königin über und flieht mit ihr aus Edinburg. Aber schon bei der Geburt ihres Sohnes (19.6.1566) hat sich das Ehepaar wieder entfremdet. Als Darnley am 10. Februar 1567 ermordet wird, wird Maria mitverdächtigt. Wahrscheinlich hat ein Teil des schottischen Adels unter Führung des Grafen von Bothwell sich gegen den König verschworen. James Hepburn, Graf von Bothwell ist der Führer der anti-englischen Fraktion des schottischen Adels. Maria zog ihn 1566/67 mehr in die politische Verantwortung, zumal sie sich auf ihren Mann nicht stützen konnte. Da die Öffentlichkeit immer vernehmlicher munkelt, Bothwell sei am Mord des Königs beteiligt gewesen, muss er sich auf Anordnung Marias im April vor dem schottischen Parlament verantworten und wird freigesprochen, u.a. weil Darnleys Vater als Ankläger nicht erscheint. Als Maria Ende April von Sterling nach Edinburg reitet, wird sie von Bothwell entführt – ob mit ihrem Einverständnis, ist bis heute ungeklärt. Tatsache ist,

---

[1] Herzogtum in den Westalpen zwischen Genfer See und Mittelmeer

Die Gerichtsverhandlung gegen Maria Stuart am 14./15. Oktober 1586 im Schloss Fotheringhay (rechts oben: Maria Stuart). Federzeichnung aus den Papieren Robert Beale's

Anhang 161

dass sie Bothwell am 15. Mai 1567 heiratet, möglicherweise weil er sie vergewaltigt hat. Das Ereignis muss einen Skandal hervorrufen, da Darnley erst drei Monate tot ist und Bothwell angeblich daran beteiligt ist und sich im Eilverfahren hat scheiden lassen.
Marias dritte, möglicherweise wieder politisch motivierte Ehe ist durch die berühmt-berüchtigten ‚Kassettenbriefe' als skrupellose Liebesaffäre (s. V. 325: *der Wahnsinn blinder Liebesglut*) interpretiert worden. Diese Sammlung von zehn Briefen, angeblich von Maria an Bothwell gerichtet, in denen sie u.a. ihre Mitschuld am Mord Darnleys erwähnt haben soll, taucht kurz nach ihrer Flucht nach England auf und dient als Beweismaterial gegen sie. Die Echtheit der Briefe wird heute kaum noch angenommen, u.a. weil die Originale verdächtig schnell verschwinden. Nach der Heirat erhebt sich der schottische Adel unter Moray gegen die Königin. Sie wird nach verlorener Schlacht bei Carberry Hill (15.6.1567) auf Schloss Lochleven gefangen gesetzt und zur Abdankung zugunsten ihres Sohnes gezwungen. Am 2. Mai 1568 gelingt ihr die Flucht. Sie sammelt ein Heer und findet rasch Zulauf, lässt sich aber am 13. Mai vorschnell in die Schlacht bei Langside gegen den aufständischen Adel ein und unterliegt. Sie flieht nach Süden und setzt, ohne die Rückkehr ihres Boten an Elisabeth abzuwarten, in einem Fischerboot nach England über – in der Erwartung, von Elisabeth empfangen und bei der Wiedergewinnung ihres Throns unterstützt zu werden. Damit schafft sie für Elisabeth eine höchst prekäre[1] Situation. Da Elisabeth den protestantischen Kurs Morays unterstützt, ist sie nicht daran interessiert, die katholische Königin nach Schottland zurückzulassen. Weiterreisen darf Maria auch nicht, da sie in Frankreich anti-englische Politik aktivieren könnte. Aber im eigenen Land kann sie sie auch nicht behalten, weil Maria angemaßte englische Königin ist und ihre Gegenwart eine Aufforderung an den katholischen Adel des Nordens bedeutet, Maria auf den Thron zu setzen und den Katholizismus wieder einzuführen. Elisabeth tut das politisch Klügste: Sie spielt auf Zeit. Erst in York

---

[1] schwierige

Zeitgenössische Zeichnung der Hinrichtung Maria Stuarts von Richard Verstegan, Theatrum crudelitatem haereticorum nostri temporis (Antwerpen, 1587)

und dann in London arrangiert sie eine Verhandlung unter dem Vorwand, zwischen der schottischen Königin und ihren rebellischen Untertanen vermitteln zu wollen, in Wirklichkeit, um Maria zu überführen. Von Fairness gegen Maria kann dabei keine Rede sein. Für Elisabeth wird die Notwendigkeit, sie aus dem diplomatischen Spiel auszuschalten, bald deutlich: Thomas Howard, Herzog von Norfolk, ranghöchster Aristokrat Englands und (protestantisches) Haupt des katholischen Adels im Norden, plant im Herbst 1568, Maria zu heiraten, was Elisabeth untersagt, da die Heirat Maria als nicht offiziell anerkannte Thronfolgerin mit einer bedenklichen Macht versehen und den Katholizismus gestärkt hätte. Als Norfolk seine Pläne weiterverfolgt und im Tower gefangen gesetzt wird, erhebt sich der Adel des Nordens, um Maria zu befreien. Der Aufstand

schlägt fehl. Norfolk wird im Herbst 1570 entlassen, verstrickt sich aber 1571 wieder in ein vages Befreiungsunternehmen Marias und wird nach erneuter Gefangenschaft im Juni 1572 hingerichtet.
Die europäisch-katholische Offensive [...], die 1572 mit der Bartholomäusnacht in Paris (Ermordung fast des gesamten protestantischen Adels Frankreichs) beginnt, zwingt Elisabeth, Marias Spielraum vollends einzuschränken. Ihr Geheimdienst unter Walsingham arbeitet bei der Überwachung der Gefangenen vorzüglich. Immer neue Verschwörungen zu ihren Gunsten werden entdeckt, und sie gräbt sich selbst ihr Grab: Ihre Korrespondenz enthüllt umstürzlerische Pläne. Die Ermordung Wilhelms von Oranien[1] (1.7.1584) führt 1585 in England zur Einführung des „Act for the Queen's Savety" (Gesetz für die Sicherheit der Königin): Strafbar ist nicht nur, wer der Königin nach dem Leben trachtet, sondern auch, zu wessen Gunsten das geschieht, ein deutlich gegen Maria gerichtetes Gesetz, das schließlich auch gegen sie angewendet wird. Sie wird im Herbst 1586 vor Gericht gestellt und zum Tode verurteilt. Diplomatische Gründe halten Elisabeth davon ab, das Urteil sofort vollstrecken zu lassen. Erst am 8. Februar 1587 wird die Königin von Schottland nach neunzehnjähriger Gefangenschaft geköpft (die erste Hinrichtung einer gesalbten Königin). Sie stirbt voll Würde und Fassung.

Aus: Christian Grawe (Hrsg.): Erläuterungen und Dokumente zu Friedrich Schiller, Maria Stuart. Stuttgart: Reclam 1978, S. 51–57

[1] protestantischer Anführer des niederländischen Aufstands gegen Spanien

Verwandtschaftsverhältnisse

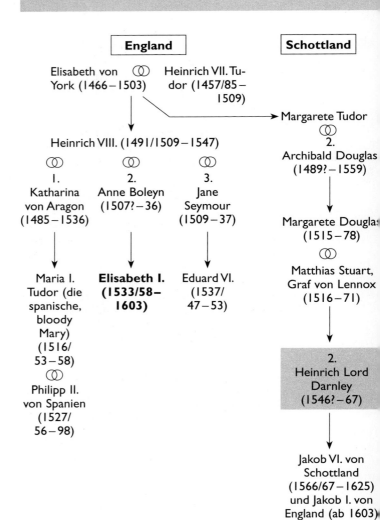

Anhang 165

Frankreich

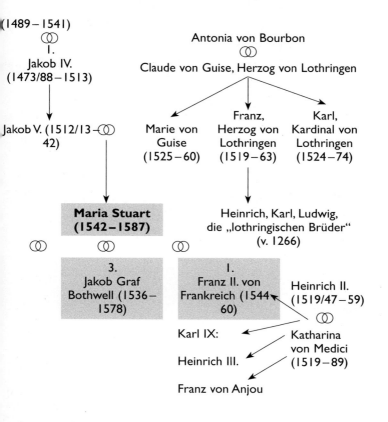

3. Faszination und Gegensätze der Hauptpersonen

Stefan Zweig: Einleitung der Biografie „Maria Stuart"

Historiker, Dramatiker und Biografen fühlten sich von Maria Stuarts Person und Lebenslauf immer wieder neu herausgefordert. So sind zahlreiche Werke entstanden, die sich mit der schottischen Königin befassen. 1935 erscheint die Biografie „Maria Stuart" des österreichisch-jüdischen Schriftstellers Stefan Zweig (1881 – 1942), der für seine lebendigen historischen Darstellungen, insbesondere die „Sternstunden der Menschheit", bekannt ist.
In der Einleitung geht er den Gründen für die Faszination, die diese Frau ausübt, und den Schwierigkeiten nach, sich ein klares Bild von ihr zu machen.

Das Klare und Offenbare erklärt sich selbst, Geheimnis aber wirkt schöpferisch. Immer werden darum jene Gestalten und Geschehnisse der Geschichte nach abermaliger Deutung und Dichtung verlangen, die ein Schleier von Ungewissheit umschattet. Als das geradezu klassische Kronbeispiel für solchen unausschöpfbaren Geheimnisreiz eines historischen Problems darf die Lebenstragödie Maria Stuarts gelten. Kaum eine andere Frau der Weltgeschichte hat so viel Literatur gezeitigt, Dramen, Romane, Biografien und Diskussionen. Durch mehr als drei Jahrhunderte hat sie immer wieder die Dichter verlockt, die Gelehrten beschäftigt, und noch immer erzwingt sich mit unverminderter Kraft ihre Gestalt neue Gestaltung. Denn es ist der Sinn alles Verworrenen, nach der Klarheit sich zu sehnen, und alles Dunklen, nach dem Licht.
Aber auch ebenso gegensätzlich wie häufig ist das Lebensgeheimnis Maria Stuarts gestaltet und gedeutet worden: Es gibt vielleicht keine Frau, die in so abweichender Form gezeichnet worden wäre, bald als Mörderin, bald als Märtyrerin, bald als törichte Intrigantin, bald als himmlische Heilige. Allein diese Verschiedenheit ihres Bildes ist merkwürdigerweise nicht verschuldet durch Mangel an überliefertem Material, sondern durch seine verwirrende Überfülle. In die Tausende und Abertausende gehen die aufbewahrten Dokumente, Protokolle, Akten, Briefe und

Berichte: immer von andern und immer mit neuem Eifer ist seit drei Jahrhunderten von Jahr zu Jahr der Prozess um ihre Schuld oder Unschuld erneuert worden. Aber je gründlicher man die Dokumente durchforscht, umso schmerzlicher wird man an ihnen der Fragwürdigkeit aller historischen Zeugenschaft (und damit Darstellung) gewahr. Denn wenn auch handschriftlich echt und alt und archivalisch beglaubigt, muss ein Dokument darum durchaus noch nicht verlässlich und menschlich wahr sein. Kaum irgendwo deutlicher als im Falle Maria Stuarts vermag man festzustellen, in wie wilder Abweichung zur selben Stunde ein und dasselbe Geschehnis von zeitgenössischen Beobachtern berichtet werden kann. Gegen jedes dokumentarisch bezeugte Ja steht hier ein dokumentarisch bezeugtes Nein, gegen jede Anschuldigung eine Entschuldigung. Falsches ist Echtem, Erfundenes dem Tatsächlichen so verwirrend beigemengt, dass man eigentlich jede Art der Auffassung auf das Glaubwürdigste darzutun imstande ist: Wer beweisen will, dass sie an der Ermordung ihres Gatten mitschuldig war, kann Dutzende von Zeugenaussagen beibringen, und ebenso, wer sie als unbeteiligt darzustellen bemüht ist; für jede Ausmalung ihres Charakters sind die Farben im Voraus gemischt. Mengt sich dann in solche Wirrnis der vorliegenden Berichte gar noch die Parteilichkeit der Politik oder des Nationalpatriotismus, so muss die Verzerrung des Bildes noch gewaltsamer werden. Ohnedies schon vermag sich die menschliche Natur, sobald zwischen zwei Menschen, zwei Ideen, zwei Weltanschauungen ein Streit um Sein oder Nichtsein geht, kaum der Versuchung zu entziehen, Partei zu nehmen, dem einen Recht zu geben und dem andern Unrecht, den einen schuldig zu nennen und den andern unschuldig. Gehören aber, wie in dem vorliegenden Falle, die Darsteller meist selbst noch einer der beiden kämpfenden Richtungen, Religionen oder Weltanschauungen an, so ist ihre Einseitigkeit beinahe zwanghaft vorausbestimmt; im Allgemeinen haben die protestantischen Autoren alle Schuld restlos auf Maria Stuart, die katholischen auf Elisabeth gehäuft. Bei den englischen Darstellern erscheint sie beinahe immer als Mörderin, bei den schottischen als makelloses Opfer niederträchtiger

Verleumdung. Die Kassettenbriefe, das strittigste Diskussionsobjekt, beeiden die einen ebenso unerschütterlich als echt wie die andern als Fälschung, bis in das kleinste Geschehen mengt sich die parteiische Farbgebung aufdringlich ein. Vielleicht hat darum der Nichtengländer und Nichtschotte, er, dem jene blutmäßige Einstellung und Verbundenheit fehlen, eine reinere und vorurteilslosere Möglichkeit zur Objektivität; vielleicht ist es ihm eher gegönnt, an diese Tragödie ausschließlich mit dem zugleich leidenschaftlichen und doch unparteiischen Interesse des Künstlers heranzutreten.

Freilich, auch er wäre verwegen, wollte er vorgeben, die Wahrheit, die ausschließliche Wahrheit über alle Lebensumstände Maria Stuarts zu wissen. Was er erreichen kann, ist nur ein Maximum von Wahrscheinlichkeit, und selbst was er mit bestem Wissen und Gewissen als Objektivität empfindet, wird noch immer subjektiv sein. Denn da die Quellen nicht rein fließen, wird er aus Trübem seine Klarheit zu gewinnen haben. Da die gleichzeitigen Berichte einander widersprechen, wird er bei jeder Einzelheit in diesem Prozess zwischen Entlastungs- und Belastungszeugnissen wählen müssen. Und so vorsichtig er auch wählen mag, manchmal wird er doch am redlichsten tun, seine Meinung mit einem Fragezeichen zu versehen und einzugestehen, dass die eine oder andere Lebenstatsache Maria Stuarts im Sinne der Wahrheit dunkel geblieben ist und wohl auch für immer bleiben wird [...].

Stefan Zweig: Maria Stuart. Frankfurt am Main: Fischer Taschenbuch Verlag, 32. Aufl. 2000, S. 7 – 9

Stefan Zweig: Maria und Elisabeth als gegensätzliche Repräsentantinnen ihrer Zeit

In dem folgenden Ausschnitt aus der Biografie erläutert Stefan Zweig, wie in den beiden Königinnen Gegensätze in einer Zeit des Umbruchs aufeinanderprallen. Maria vertrete die Vorstellung eines mittelalterlichen, auf der Stärke des Einzelnen und der persönlichen Ausstrahlung beruhenden Herrschertums, während Elisabeth den Staat nach modernen Grundsätzen regiere, indem sie sich ganz in den Dienst ihres Landes stelle und sich mit fähigen Beratern umgebe.

Denn hinter der inneren Verschiedenheit der Persönlichkeiten erheben sich gebieterisch wie riesenhafte Schatten die großen Gegensätze der Zeit. Man nenne es nicht Zufall, dass Maria Stuart die Vorkämpferin der alten, der katholischen Religion gewesen und Elisabeth Schirmherrin der neuen, der reformatorischen; diese Parteinahme versinnbildlicht nur symbolisch, dass jede dieser beiden Königinnen eine andere Weltanschauung verkörperte, Maria Stuart die absterbende, die mittelalterlich-ritterliche Welt, Elisabeth die werdende, die neuzeitliche. Eine ganze Zeitwende kämpft sich in ihrem Widerstreit zu Ende.

Maria Stuart – und dies macht ihre Figur so romantisch – steht und fällt für eine vergangene, für eine überholte Sache als ein letzter kühner Paladin[1]. Sie gehorcht nur dem gestaltenden Willen der Geschichte, wenn sie, die Rückwärtsgewandte, sich politisch jenen Mächten verbindet, die den Zenit[2] bereits überschritten haben, Spanien und dem Papsttum, während Elisabeth klarsichtig in die fernsten Länder, nach Russland und Persien, ihre Gesandten schickt und in vorausschauendem Gefühl die Energie ihres Volkes gegen die Ozeane wendet, als ahnte sie, dass in den neuen Kontinenten die Pfeiler des zukünftigen Weltreiches aufgerichtet werden müssten. Maria Stuart beharrt starr im Übernommenen, sie kommt über die dynastische Auffassung des Königtums nicht hinaus. Das Land ist nach ihrer Meinung an den Herrscher gebunden, nicht aber der Herrscher an sein Land; eigentlich ist Maria Stuart all diese Jahre nur Königin über Schottland gewesen und niemals eine Königin für Schottland. Die hundert Briefe, die sie geschrieben, gelten alle nur der Befestigung, der Erweiterung ihres persönlichen Rechtes, aber völlig vermisst man einen einzigen, der sich mit dem Volkswohl, mit der Förderung von Handel, Schifffahrt oder Kriegsmacht befasste.

---

[1] treuer Anhänger
[2] Scheitelpunkt (des Himmels)

Wie ihre Sprache in Dichtung und Konversation zeitlebens die französische blieb, so ist auch ihr Denken, ihr Fühlen nie ein schottisches, ein nationales geworden; nicht für Schottland hat sie gelebt und ist sie gestorben, sondern einzig um Königin von Schottland zu bleiben. Im Letzten hat Maria Stuart ihrem Lande nichts Schöpferisches gegeben als die Legende ihres Lebens.

Dieses Über-allem-Stehen Maria Stuarts musste notwendigerweise zu einem Alleinstehen werden. An Mut und Entschlossenheit war sie persönlich Elisabeth unermesslich überlegen. Aber Elisabeth kämpfte nicht allein gegen sie. Aus dem Gefühl ihrer Unsicherheit hatte sie rechtzeitig verstanden, ihre Position zu stärken, indem sie sich mit ruhigen und klarsehenden Leuten umgab; um sie stand ein ganzer Generalstab in diesem Kriege, lehrte sie Taktik und Praktik und schützte sie bei großen Entscheidungen vor der Sprunghaftigkeit und Fahrigkeit ihres Temperamentes. Elisabeth wusste eine derart vollendete Organisation um sich zu schaffen, dass es heute, nach Jahrhunderten, fast unmöglich ist, ihre persönliche Leistung aus der Kollektivleistung der elisabethanischen Epoche herauszuschälen, und der unermessliche Ruhm, der sich an ihren Namen bindet, schließt die anonyme Leistung ihrer ausgezeichneten Berater in sich. Während Maria Stuart nur Maria Stuart ist, stellt Elisabeth eigentlich immer Elisabeth plus Cecil, plus Leicester, plus Walsingham, plus die Energie ihres ganzen Volkes dar, und man kann kaum unterscheiden, wer der Genius[1] jenes shakespearischen Jahrhunderts gewesen, England oder Elisabeth, so sehr sind sie zusammengeschmolzen in eine herrliche Einheit. Nichts hat Elisabeth einen solchen Rang unter den Monarchen jener Epoche gegeben, als dass sie nicht Herrin über England sein wollte, sondern bloß Verwalterin des englischen Volkswillens, Dienerin einer nationalen Mission; sie hat den Zug der Zeit verstanden, der vom Autokratischen ins Konstitutionelle[2] führt. Freiwillig erkennt sie die neuen Kräfte an, die

---

[1] die schöpferische Quelle
[2] von der uneingeschränkten Alleinherrschaft zum Verfassungsstaat

Königin Elisabeth I. von England, Gemälde von Marcus Geeraerts (1561–1635)

aus der Umformung der Stände, aus der Weltraumerweiterung durch die Entdeckungen sich entwickeln, sie fördert alles Neue, die Gilden[1], die Kaufleute, die Geldleute und selbst die Piraten, weil sie England, ihrem England, die Vorherrschaft über die Meere anbahnen. Unzählige Male bringt

---

[1] Zusammenschlüsse von Handwerkern und Kaufleuten

sie (was Maria Stuart niemals tut) ihre persönlichen Wünsche dem allgemeinen, dem nationalen Wohl zum Opfer. Denn immer ist es beste Rettung aus innerer Not, wenn sie sich ins Schöpferische wendet; aus ihrem Unglück als Frau hat Elisabeth das Glück ihres Landes gestaltet. Ihren ganzen Egoismus, ihre ganze Machtleidenschaft hat die Kinderlose, die Männerlose ins Nationale umgestaltet; groß vor der Nachwelt zu sein durch Englands Größe war die edelste ihrer Eitelkeiten, und nur diesem kommenden größeren England hat sie wahrhaft gelebt. Keine andere Krone konnte sie locken (während Maria Stuart begeistert die ihre gegen jede bessere tauschen würde), und indes jene in der Gegenwart, in der Stunde großartig aufglühte, hat sie, die Sparsame, die Weitblickende, ihre ganze Kraft der Zukunft ihrer Nation geweiht.

Es war kein Zufall darum, dass sich der Kampf zwischen Maria Stuart und Elisabeth zugunsten der fortschrittlichen und weltgewandten und nicht der rückgewandten und ritterlichen Königin entschied; mit Elisabeth siegte der Wille der Geschichte, der vorwärtsdrängt, der die abgelebten Formen wie leere Schalen hinter sich schleudert und seine Kraft in immer anderen schöpferisch versucht. In ihrem Leben verkörpert sich die Energie einer Nation, die ihre Stelle im Weltall erobern will, in Maria Stuarts Ende stirbt nur prächtig und heldisch eine ritterliche Vergangenheit. Aber dennoch erfüllt jede in diesem Kampfe vollendet ihren Sinn: Elisabeth, die Realistin, siegt in der Geschichte, Maria Stuart, die Romantikerin, in Dichtung und Legende.

Stefan Zweig: Maria Stuart. Frankfurt am Main: Fischer Taschenbuch Verlag, 32. Aufl. 2000, S. 106–109

Theodor Fontane: Die beiden Königinnen als Gesprächsthema im „Stechlin"

Theodor Fontanes (1819–1898) Herkunft aus dem Kernland Preußens und sein Lebenszentrum Berlin bestimmen auch den Inhalt der Reisebilder „Wanderungen durch die Mark Brandenburg" und seiner bekanntesten Romane „Irrungen, Wirrungen", „Frau Jenny Treibel" und „Effi Briest". Der Erzähler, der dem

späten Realismus zuzuordnen ist, beschreibt Landschaften und Menschen vor ihrem geschichtlichen Hintergrund, schildert menschliche Beziehungen und gesellschaftliches Leben, insbesondere in Kreisen des Adels und des Bürgertums, und zeigt so die inneren Kräfte, die Verhalten und Charaktere prägen.
In seinem letzten Roman „Der Stechlin" von 1897 kreisen die Unterhaltungen um die sozialen Veränderungen der Zeit. In dem folgenden Gespräch mit den Schwestern Armgard und Melusine Gräfinnen von Barby berichtet Woldemar, der Sohn der Hauptfigur Dubslav von Stechlin, von seinen Eindrücken beim Besuch der Westminster Abbey in London. Kurz danach verloben sich Armgard und Woldemar.

Elisabeth I. auf ihrem Sarkophag in der Westminster Abbey

„[...] Trotzdem, das Eigentlichste war doch noch wieder ein andres und kam erst, als ich da zwischen den Sarkophagen[1] der beiden feindlichen Königinnen stand. Ich wüsste nicht, dass etwas je so beweglich und eindringlich zu mir gepredigt hätte wie gerade diese Stelle."
„Und was war es, was Sie da so bewegte?"

---

[1] steinerne Prunksärge

„Das Gefühl: ‚zwischen diesen beiden Gegensätzen pendelt die Weltgeschichte'. Zunächst freilich scheinen wir da nur den Gegensatz zwischen Katholizismus und Protestantismus zu haben, aber weit darüber hinaus (weil nicht an Ort und Zeit gebunden) haben wir bei tiefer gehender Betrachtung den Gegensatz von Leidenschaft und Berechnung, von Schönheit und Klugheit. Und das ist der Grund, warum das Interesse daran nicht ausstirbt. Es sind große Typen, diese feindlichen Königinnen."
Beide Schwestern schwiegen. Dann sagte Melusine, der daran lag, wieder ins Heitere hinüberzulenken: „Und nun, Armgard, sage, für welche von den beiden Königinnen bist du?"
„Nicht für die eine und nicht für die andre. Nicht einmal für beide. Gewiss sind es Typen. Aber es gibt andre, die mir mehr bedeuten, und, um es kurz zu sagen, Elisabeth von Thüringen[1] ist mir lieber als Elisabeth von England. Andern leben und der Armut das Brot geben – darin allein ruht das Glück. Ich möchte, dass ich mir *das* erringen könnte. Aber man erringt sich nichts. Alles ist Gnade." [...]

Aus: Theodor Fontane: Der Stechlin, 25. Kapitel

---

[1] Die Landgräfin (1207–31) stellte ihr Leben nach dem Tod ihres Mannes in den Dienst der Armen und Kranken.

4. Historische Stoffe im Drama

Schillers Umgang mit den geschichtlichen Fakten

Schiller schreibt am 19. Juli 1799 an Goethe über seine Arbeit am ersten Akt der *Maria Stuart*, dass er „den poetischen Kampf mit dem historischen Stoff darin bestehen musste und Mühe brauchte, der Fantasie eine Freiheit über die Geschichte zu verschaffen, indem ich zugleich von allem, was diese Brauchbares hat, Besitz zu nehmen suchte". Er informierte sich in Geschichtsbüchern von Zeitgenossen der beiden Königinnen, von denen sie zwei Engländer ganz unterschiedlich beurteilen:

- William Camden zeichnet in seinen 1615 erschienenen „Annales rerum anglicarum et hibernicarum regnante Elizabetha ad annum salutis 1589"[1] ein wohlwollendes Bild von Maria Stuart, obwohl er sich auf Akten Burleighs beruft.
- George Buchanan dagegen, ihr ehemaliger Studienleiter, stellt sich in den Schriften „Rerum Scoticarum historia ad Jacobum VI. Scotorum regem"[2] und „Detectio Mariae reginae Scotorum"[3] gegen sie.
- Der Franzose Brantôme, der die schottische Königin persönlich kannte, beschreibt sie in seinen „Biografischen Nachrichten von erlauchten Damen Frankreichs", die Schiller selbst 1795 in der „Allgemeinen Sammlung historischer Memoirs vom 12. Jahrhundert bis auf die neuesten Zeiten" herausgibt.

Von den späteren Quellen seines Jahrhunderts ist eine besonders wichtig:

- Wilhelm Robertson: Geschichte von Schottland unter den Regierungen der Königin Maria und des Königes Jacobs VI. [...] von 1762.

---

[1] Jahrbücher der englischen und schottischen Geschichte in der Regierungszeit Elisabeths bis zum Jahr des Heils 1589
[2] schottische Geschichte bis zu Jakob VI., dem König der Schotten
[3] Entlarvung der Schottenkönigin Maria

Außerdem benutzt Schiller nachweislich
- David Hume: Geschichte von England, von dem Einfalle des Julius Cäsar bis auf Elisabeth. Deutsche Übersetzung von 1770/71,
- Johann Wilhelm von Archenholtz: Geschichte der Königin Elisabeth von England (im Historischen Kalender für Damen für das Jahr 1790),
- De Rapin Thoyras: Histoire d'angleterre von 1724; die deutsche Übersetzung von 1757 zieht Schiller ebenfalls zurate,
- André Du Chesne: Histoire générale d'Angleterre, d'Ecosse et d'Ireland durant seize anneés jusqu' à Jacques I.[1],
- Friedrich Gentz: Maria Königin von Schottland (im Taschenbuch für 1799).

Wahrscheinlich hat Schiller noch weitere Geschichtswerke verwendet, um sein historisches Wissen zu ergänzen.

Der Dichter konstruiert sein Drama also auf einem soliden geschichtlichen Fundament, in dem die Handlung, das Personal sowie die Lebensgeschichten und Charaktere der Königinnen fest verankert sind. Diese historische Genauigkeit zeigt sich in einer Reihe von Details, etwa zu Beginn in Marias Forderung an Burleigh nach gleichrangigen Richtern (V. 699–706), die sich an Robertsons Schilderung anschließt. Das Ritterspiel, dessen Beschreibung den zweiten Aufzug einleitet, fand am 15.5.1581 beim Besuch von Gesandten Franz von Anjous tatsächlich statt. Die ersten beiden Auftritte des vierten Aufzugs, in denen Burleigh die Annäherung zwischen England und Frankreich nach dem Mordanschlag auf Elisabeth abrupt abbricht, folgen Camdens Darstellung. Von einer Hostie, die Papst Pius V. selbst geweiht haben soll (V. 3653f.), berichten Brantôme und Archenholtz; allerdings brachte sie Maria nicht Melvil, der in Wirklichkeit dem protestantischen Glauben anhing. Die guten Wünsche für Elisabeth und ihre Regierung (V. 3785f.) sind ebenso mehrfach belegt wie ihr Anruf des Gekreuzigten (V. 3816–18).

---

[1] Allgemeine Geschichte Englands, Schottlands und Irlands während 16 Jahren bis Jakob I.

Um seiner „Fantasie eine Freiheit über die Geschichte zu verschaffen" und den historischen Stoff in der Tragödie auf sein inhaltliches Anliegen und die Bedürfnisse des Theaters auszurichten, verändert Schiller die überlieferten Begebenheiten jedoch in entscheidenden Punkten. Erstens verjüngt er die beiden Hauptdarstellerinnen erheblich: Sie sollen 25 und 30 Jahre alt sein, während Maria mit 44 Jahren starb und Elisabeth zu diesem Zeitpunkt schon das 53. Lebensjahr erreicht hatte (vgl. Schillers Brief an Iffland vom 22. Juni 1800 auf S. 190f. im Anhang). Hoffnung auf die Geburt eines Thronfolgers gab es für die historische Königin von England also nicht mehr (vgl. die V. 1109f.). Umgekehrt stellt Hannas Hinweis auf die Jugend der schillerschen Maria, um deren Schuld für Jahre zurückliegende Taten abzumildern, angesichts ihres Alters kein plausibles Argument dar (vgl. V. 272–296). Außerdem passen die beiden Ehen mit dem französischen König Franz II. und Darnley sowie ihre langjährige (V. 2177) Gefangenschaft kaum in den so konstruierten Zeitrahmen. Zweitens verlegt Schiller in die drei letzten Lebenstage von Maria Ereignisse, die sich früher und auch anders abgespielt haben: Als Herzog von Anjou (V. 607) warben nacheinander zwei Brüder um Elisabeth, nämlich 1572 der spätere französische König Heinrich III. und danach sein 1584 verstorbener Bruder Franz, der die englische Königin in London auch besuchte (vgl. dagegen V. 1962). Kardinal Karl von Lothringen, der Bruder von Marias Mutter (V. 387f., 462f., 1744, 3523), lebte nur bis 1574. Drittens ist die Person des Mortimer ebenso erfunden wie das Liebesverhältnis zwischen Maria und Leicester. Allerdings hatte ihn

Robert Dudley, Earl of Leicester. Engraving from Crispin and Willem van der Passe, Heroologia Anglia, 1620

Elisabeth noch vor deren Heirat mit Darnley aus politischen Gründen für eine Ehe mit der schottischen Königin ausersehen, die den Vorschlag wegen der Standesunterschiede jedoch ablehnte. Weder Leicester noch Burleigh hatten für die Vollstreckung des Todesurteils zu sorgen (vgl. V. 3031–50), sondern Lord Kent und Lord Shrewsbury – im Auftrag eines geheimen Staatsrats und nicht Elisabeths. Es ist außerdem eher unwahrscheinlich, dass Maria eine Liebesbeziehung zu ihrem der Überlieferung nach hässlichen Privatsekretär Rizzio unterhielt (V. 318–320). Viertens sind sich die Königinnen in Wirklichkeit nie begegnet. Wenn fünftens Maria bei Schiller ihre Schuld an der Ermordung des zweiten Gatten beklagt und büßt, eine Beteiligung an der Babington-Verschwörung aber bestreitet, so gibt der Dichter poetische Antworten auf bis heute offene Fragen. Jedenfalls bestritt die historische Maria jede Mitschuld am Tode Darnleys, während ihr Briefwechsel eher nahelegt, dass sie Verschwörungen gegen Elisabeth unterstützte. In diesem Zusammenhang spielt der Schreiber Kurl eine Schlüsselrolle, der seine Aussage, anders als im Trauerspiel (Szene V/13), nie widerrufen hat. Schiller zeigt also sechstens Marias Charakter und ihre Getreuen in hellerem Licht und wirft auf Elisabeth und einige ihrer wichtigsten Berater dunkle Schatten, was der dramatischen Zuspitzung und Wirkung dient, aber nicht unbedingt den historischen Tatsachen entspricht. Schließlich gestaltet Schiller auch den letzten Akt nach seinen Vorstellungen aus, denn Hinweise auf das Abendmahl finden sich in den von Schiller verwendeten Quellen nicht. Und Maria trug bei der Hinrichtung kein weißes, sondern ein schwarzes Kleid.

(Autorentext)

Quellen:

Erläuterungen in Band 9 der Nationalausgabe von Schillers Werken: Maria Stuart. Die Jungfrau von Orleans. Hrsg. von Benno von Wiese und Lieselotte Blumenthal. Weimar: Böhlau 1948, S. 357–377

Wort- und Sacherklärungen in den Erläuterungen und Dokumenten zu Friedrich Schiller, Maria Stuart. Hrsg. von Christian Grawe. Reclams Universalbibliothek Nr. 8143, Stuttgart 1978, S. 4–50

Karl S. Guthke: Maria Stuart. Drama der inneren Handlung und Doppeltragödie. In: Helmut Koopmann [Hrsg.]: Schiller-Handbuch. Kröner Stuttgart 1998, S. 418f.

Stefan Zweig: Maria Stuart. Frankfurt am Main: Fischer Taschenbuch Verlag, 32. Aufl. 2000, 22. und 23. Kapitel

Ausschnitt aus der Poetik des Aristoteles

Die Spannungen zwischen einem historischen Stoff und seiner dichterischen Gestaltung im Drama sind keine Besonderheit von Schillers „Maria Stuart", sondern ein Merkmal jedes literarischen Werks, das sich mit geschichtlichen Ereignissen und
5 *Personen befasst. Denn es will keinen Geschichtsunterricht erteilen, indem es historische Tatsachen erschließt oder wiedergibt, sondern davon ausgehend Grundlegendes und Allgemeines bewusst machen, das die Menschen über die Zeiten hinweg beschäftigt. Dazu muss es verdichten, zuspitzen – und das*
10 *heißt fast immer – verändern.*
Der Unterschied zwischen Dichtung und Geschichtsschreibung wurde seit den Ursprüngen im antiken Griechenland immer wieder betont. Der Philosoph Aristoteles (384 – 322 v. Chr.) erläutert ihn in seiner „Poetik", in der er das Wesen und die
15 *Formen der Dichtkunst bestimmt.*

9. Es ergibt sich auch aus dem Gesagten[1], dass es nicht die Aufgabe des Dichters ist, zu berichten, was geschehen ist, sondern vielmehr, was geschehen könnte und was möglich wäre nach Angemessenheit oder Notwendigkeit. Denn der
20 Geschichtsschreiber und der Dichter unterscheiden sich nicht dadurch, dass der eine Verse schreibt und der andere nicht (denn man könnte ja die Geschichte Herodots[2] in Verse setzen und doch bliebe es gleich gut Geschichte, mit oder ohne Verse); sie unterscheiden sich vielmehr darin,
25 dass der eine erzählt, was geschehen ist, der andere, was geschehen könnte. Darum ist die Dichtung auch philosophischer und bedeutender als die Geschichtsschreibung.

---

[1] Im vorausgehenden Paragrafen befasst sich Aristoteles mit der Einheit der Handlung in der Tragödie.
[2] griechischer Geschichtsschreiber im 5. Jh. v. Chr.

Denn die Dichtung redet eher vom Allgemeinen, die
Geschichtsschreibung vom Besonderen. Das Allgemeine
besteht darin, was für Dinge Menschen von bestimmter
Qualität reden oder tun nach Angemessenheit oder Notwendigkeit; darum bemüht sich die Dichtung und gibt dann
die Eigennamen bei. Das Besondere ist, was Alkibiades[1] tat
oder erlebte.

Aristoteles: Poetik. Übersetzung, Einleitung und Anmerkungen von Olof Gigon.
Stuttgart: Reclam 1972, S. 36

Friedrich Schiller: Über die tragische Kunst (Ausschnitt)

Die beiden folgenden Textausschnitte zeigen, wie Schiller die Unterscheidung zwischen Dichtung und Geschichtsschreibung bei Aristoteles aufgreift und weiterführt. Der Aufsatz „Über die tragische Kunst" ist 1790/91 aus einer Vorlesung entstanden, die er als Professor an der Universität Jena gehalten hat.

Die Tragödie ist viertens poetische Nachahmung[2] einer
mitleidswürdigen Handlung, und dadurch wird sie der
historischen entgegengesetzt. Das Letztere würde sie sein,
wenn sie einen historischen Zweck verfolgte, wenn sie
darauf ausginge, von geschehenen Dingen und von der Art
ihres Geschehens zu unterrichten. In diesem Falle müsste
sie sich streng an historische Richtigkeit halten, weil sie
einzig nur durch treue Darstellung des wirklich Geschehenen ihre Absicht erreichte. Aber die Tragödie hat einen
poetischen Zweck, d. i.[3] sie stellt eine Handlung dar, um zu
rühren und durch Rührung zu ergötzen. Behandelt sie also
einen gegebenen Stoff nach diesem ihrem Zwecke, so wird
sie eben dadurch in der Nachahmung frei; sie erhält Macht,
ja Verbindlichkeit, die historische Wahrheit den Gesetzen
der Dichtkunst unterzuordnen und den gegebenen Stoff

---

[1] Staatsmann und Feldherr aus Athen (um 450–404 v. Chr.)
[2] Nachahmung (griech. mimésis) ist für Aristoteles das gemeinsame Kennzeichen aller Formen der Dichtung.
[3] das ist

nach ihrem Bedürfnisse zu bearbeiten. Da sie aber ihren Zweck, die Rührung, nur unter der Bedingung der höchsten Übereinstimmung mit den Gesetzen der Natur zu erreichen imstande ist, so steht sie, ihrer historischen Freiheit unbeschadet, unter dem strengen Gesetz der Naturwahrheit, welche man im Gegensatz von der historischen die poetische Wahrheit nennt. So lässt sich begreifen, wie bei strenger Beobachtung der historischen Wahrheit nicht selten die poetische leiden und umgekehrt bei grober Verletzung der historischen die poetische nur umso mehr gewinnen kann. Da der tragische Dichter, so wie überhaupt jeder Dichter, nur unter dem Gesetz der poetischen Wahrheit steht, so kann die gewissenhafteste Beobachtung der historischen ihn nie von seiner Dichterpflicht lossprechen, nie einer Übertretung der poetischen Wahrheit, nie einem Mangel des Interesse zur Entschuldigung gereichen. Es verrät daher sehr beschränkte Begriffe von der tragischen Kunst, ja von der Dichtkunst überhaupt, den Tragödiendichter vor das Tribunal[1] der Geschichte zu ziehen und Unterricht von demjenigen zu fodern, der sich schon vermöge seines Namens bloß zu Rührung und Ergötzung verbindlich macht. Sogar dann, wenn sich der Dichter selbst durch eine ängstliche Unterwürfigkeit gegen historische Wahrheit seines Künstlervorrechts begeben und der Geschichte eine Gerichtsbarkeit über sein Produkt stillschweigend eingeräumt haben sollte, fodert die Kunst ihn mit allem Rechte vor ihren Richterstuhl, und ein Tod Hermanns, eine Minona, ein Fust von Stromberg[2] würden, wenn sie hier die Prüfung nicht aushielten, bei noch so pünktlicher Befolgung der Kostüme, des Volks- und des Zeitcharakters mittelmäßige Tragödien heißen.

Friedrich Schiller: Sämtliche Werke. Fünfter Band: Erzählungen. Theoretische Schriften. 9., durchges. Aufl./Lizenzausgabe für die Wiss. Buchgesellschaft Darmstadt 1993, S. 390f.

---

[1] Gericht
[2] Dramen von Klopstock, Gerstenberg und Jakob Maier

Friedrich Schiller: Über das Pathetische (Ausschnitt)

Der Aufsatz erscheint erstmals 1793, nachdem Schiller die großen Werke der kantischen Philosophie studiert hat: Kritik der Urteilskraft, Kritik der praktischen Vernunft, Kritik der reinen Vernunft.

Es ist also bloß die vorgestellte Möglichkeit eines absolut freien Wollens, wodurch die wirkliche Ausübung desselben unserm ästhetischen Sinn gefällt.

Noch mehr wird man sich davon überzeugen, wenn man nachdenkt, wie wenig die poetische Kraft des Eindrucks, den sittliche Charaktere oder Handlungen auf uns machen, von ihrer *historischen Realität* abhängt. Unser Wohlgefallen an idealischen Charakteren verliert nichts durch die Erinnerung, dass sie poetische Fiktionen sind, denn es ist die *poetische*, nicht die historische Wahrheit, auf welche alle ästhetische Wirkung sich gründet. Die poetische Wahrheit besteht aber nicht darin, dass etwas wirklich geschehen ist, sondern darin, dass es geschehen konnte, also in der innern Möglichkeit der Sache. Die ästhetische Kraft muss also schon in der vorgestellten Möglichkeit liegen.

Selbst an wirklichen Begebenheiten historischer Personen ist nicht die Existenz, sondern das durch die Existenz kund gewordene Vermögen das Poetische. Der Umstand, dass diese Personen wirklich lebten und dass diese Begebenheiten wirklich erfolgten, kann zwar sehr oft unser Vergnügen vermehren, aber mit einem fremdartigen Zusatz, der dem poetischen Eindruck viel mehr nachteilig als beförderlich ist.

Friedrich Schiller: Sämtliche Werke. Fünfter Band: Erzählungen. Theoretische Schriften. 9., durchges. Aufl./Lizenzausgabe für die Wiss. Buchgesellschaft Darmstadt 1993, S. 533f.

5. Das Freiheitsproblem

Friedrich Schiller: --Ankündigung der Rheinischen Thalia[1], 1784 (Ausschnitt)

Die Frage nach der menschlichen Freiheit treibt Schiller sein ganzes Leben lang um. Das Thema beschäftigt ihn in allen denkbaren Varianten: als bindungs- und verantwortungsloses Leben für den Augenblick, als Freiheitsrechte von Staaten und
5 *ihren Bürgern sowie als innere Unabhängigkeit eines Menschen von allem, was ihn einschränkt. Er sucht nach Antworten in der Geschichte, in der Philosophie und in der Kunst und verbindet die Aufgabe des Theaters mit dem Freiheitsproblem (vgl. den Anfang des vorhergehenden Textbeispiels).*
10 *Der Ursprung dieser Lebensfrage liegt in Schillers Jugend, denn vom 13. bis zum 21. Lebensjahr war er den strengen Regeln der Karlsschule des württembergischen Herzogs Karl Eugen in Stuttgart unterworfen und hatte kaum Kontakt nach außen und zu seinen Eltern. In dem folgenden Abschnitt blickt er als*
15 *freier Mensch auf diese Zeit mit Bitterkeit zurück.*

Ich schreibe als Weltbürger, der keinem Fürsten dient. Frühe verlor ich mein Vaterland, um es gegen die große Welt auszutauschen, die ich nur eben durch die Fernröhre kannte. Ein seltsamer Missverstand der Natur hat mich in
20 meinem Geburtsort zum Dichter verurteilt. Neigung für Poesie beleidigte die Gesetze des Instituts, worin ich erzogen ward, und widersprach dem Plan seines Stifters. Acht Jahre rang mein Enthusiasmus mit der militärischen Regel; aber Leidenschaft für die Dichtkunst ist feurig und stark,
25 wie die *erste* Liebe. Was sie ersticken sollte, fachte sie an. Verhältnissen zu entfliehen, die mir zur Folter waren, schweifte mein Herz in eine *Idealenwelt* aus – aber unbekannt mit der *wirklichen*, von welcher mich eiserne Stäbe schieden – unbekannt mit den *Menschen* – denn die vier-
30 hunderte, die mich umgaben, waren ein *einziges* Geschöpf, der getreue Abguss eines und eben dieses Modells, von

---

[1] Name einer Zeitschrift, der sich auf die Muse der heiteren Dichtkunst bezieht

welchem die plastische Natur sich feierlich lossagte – unbekannt mit den Neigungen freier, sich selbst überlassener Wesen, denn *hier* kam nur *eine* zur Reife, eine, die ich jetzo nicht nennen will; jede übrige Kraft des Willens erschlaffte, indem eine einzige sich konvulsivisch[1] spannte; jede Eigenheit, jede Ausgelassenheit der tausendfach spielenden Natur ging in dem regelmäßigen Tempo der herrschenden Ordnung verloren – unbekannt mit dem schönen Geschlecht – die Tore dieses Instituts öffnen sich, wie man wissen wird, Frauenzimmern nur, ehe sie anfangen interessant zu werden, und wenn sie aufgehört haben es zu sein – unbekannt mit Menschen und Menschenschicksal musste mein Pinsel notwendig die mittlere Linie zwischen Engel und Teufel verfehlen, musste er ein Ungeheuer hervorbringen, das zum Glück in der Welt nicht vorhanden war, dem ich nur darum Unsterblichkeit wünschen möchte, um das Beispiel einer Geburt zu verewigen, die der naturwidrige Beischlaf der *Subordination*[2] und des *Genius* in die Welt setzte. – Ich meine die „Räuber".

Friedrich Schiller: Sämtliche Werke. Fünfter Band: Erzählungen. Theoretische Schriften. 9., durchges. Aufl./Lizenzausgabe für die Wiss. Buchgesellschaft Darmstadt 1993, S. 855

Friedrich Schiller: Über das Erhabene (Ausschnitte)

Der wahrscheinlich ein Jahrzehnt später entstandene oder abgeschlossene Aufsatz macht deutlich, wie eng für Schiller die Fragen nach der Freiheit und nach dem Wesen des Menschen zusammengehören. Die Ausführungen legen es nahe, die schillersche Maria Stuart vor diesem philosophischen Hintergrund zu betrachten.

„Kein Mensch muss müssen", sagt der Jude Nathan zum Derwisch[3], und dieses Wort ist in einem weiteren Umfange

---
[1] krampfhaft
[2] Unterordnung
[3] Gotthold Ephraim Lessing: Nathan der Weise, V. 385

wahr, als man demselben vielleicht einräumen möchte. Der Wille ist der Geschlechtscharakter¹ des Menschen, und die Vernunft selbst ist nur die ewige Regel desselben. Vernünftig handelt die ganze Natur; sein Prärogativ² ist bloß, dass er mit Bewusstsein und Willen vernünftig handelt. Alle anderen Dinge müssen; der Mensch ist das Wesen, welches will.

Eben deswegen ist des Menschen nichts so unwürdig, als Gewalt zu erleiden, denn Gewalt hebt ihn auf.³ -Wer sie uns antut, macht uns nichts Geringeres als die Menschheit streitig; wer sie feigerweise erleidet, wirft seine Menschheit hinweg. Aber dieser Anspruch auf absolute Befreiung von allem, was Gewalt ist, scheint ein Wesen vorauszusetzen, welches Macht genug besitzt, jede andere Macht von sich abzutreiben⁴. Findet er sich in einem Wesen, welches im Reich der Kräfte nicht den obersten Rang behauptet, so entsteht daraus ein unglücklicher Widerspruch zwischen dem Trieb und dem Vermögen.

In diesem Falle befindet sich der Mensch. Umgeben von zahllosen Kräften, die alle ihm überlegen sind und den Meister über ihn spielen, macht er durch seine Natur Anspruch, von keiner Gewalt zu erleiden. Durch seinen Verstand zwar steigert er künstlicherweise seine natürlichen Kräfte, und bis auf einen gewissen Punkt gelingt es ihm wirklich, physisch über alles Physische Herr zu werden. Gegen alles, sagt das Sprüchwort, gibt es Mittel, nur nicht gegen den Tod. Aber diese einzige Ausnahme, wenn sie das wirklich im strengsten Sinne ist, würde den ganzen Begriff des Menschen aufheben. Nimmermehr kann er das Wesen sein, welches will, wenn es auch nur *einen* Fall gibt, wo er schlechterdings muss, was er nicht will. Dieses einzige Schreckliche, *was er nur muss und nicht will*, wird wie ein Gespenst ihn begleiten und ihn, wie auch wirklich bei den mehresten Menschen der Fall ist, den blinden Schrecknissen der Fantasie zur Beute überliefern; seine gerühmte

---

1 das Gattungsmerkmal
2 Vorrecht
3 widerspricht seinem Menschsein
4 fernzuhalten

Freiheit ist absolut Nichts, wenn er auch nur in einem einzigen Punkte gebunden ist. Die Kultur soll den Menschen in Freiheit setzen und ihm dazu behülflich sein, seinen ganzen Begriff zu erfüllen. Sie soll ihn also fähig machen, seinen Willen zu behaupten, denn der Mensch ist das Wesen, welches will.
Dies ist auf zweierlei Weise möglich. Entweder *realistisch*, wenn der Mensch der Gewalt Gewalt entgegensetzt, wenn er als Natur die Natur beherrschet; oder *idealistisch*, wenn er aus der Natur heraustritt und so, in Rücksicht auf sich, den Begriff der Gewalt vernichtet. Was ihm zu dem ersten verhilft, heißt physische Kultur. Der Mensch bildet seinen Verstand und seine sinnlichen Kräfte aus, um die Naturkräfte nach ihren eigenen Gesetzen entweder zu Werkzeugen seines Willens zu machen oder sich vor ihren Wirkungen, die er nicht lenken kann, in Sicherheit zu setzen. Aber die Kräfte der Natur lassen sich nur bis auf einen gewissen Punkt beherrschen oder abwehren; über diesen Punkt hinaus entziehen sie sich der Macht des Menschen und unterwerfen ihn der ihrigen.
Jetzt also wäre es um seine Freiheit getan, wenn er keiner andern als physischen Kultur fähig wäre. Er soll aber ohne Ausnahme Mensch sein, also in keinem Fall etwas *gegen* seinen Willen erleiden. Kann er also den physischen Kräften keine verhältnismäßige physische Kraft mehr entgegensetzen, so bleibt ihm, um keine Gewalt zu erleiden, nichts anders übrig als: *ein Verhältnis*, welches ihm so nachteilig ist, *ganz und gar aufzuheben* und eine Gewalt, die er der Tat nach erleiden muss, *dem Begriff nach zu vernichten*. Eine Gewalt dem Begriffe nach vernichten, heißt aber nichts anders, als sich derselben freiwillig unterwerfen. Die Kultur, die ihn dazu geschickt macht, heißt die moralische.

Der moralisch gebildete Mensch, und nur dieser, ist ganz frei. Entweder er ist der Natur als Macht überlegen, oder er ist einstimmig mit derselben. Nichts, was sie an ihm ausübt, ist Gewalt, denn eh es bis zu *ihm* kommt, ist es schon *seine eigene Handlung* geworden, und die dynamische Natur erreicht ihn selbst nie, weil er sich von allem, was sie erreichen kann, freitätig scheidet. Diese Sinnesart aber,

Maria Stuart auf dem Weg zu ihrer Hinrichtung am 8. Februar 1587 in Schloss Fotheringhay. Lithographie nach einem Gemälde von Volkhart, um 1840

welche die Moral unter dem Begriff der Resignation in die
Notwendigkeit und die Religion unter dem Begriff der
Ergebung in den göttlichen Ratschluss lehret, erfordert,
wenn sie ein Werk der freien Wahl und Überlegung sein
soll, schon eine größere Klarheit des Denkens und eine
höhere Energie des Willens, als dem Menschen im handeln-
den Leben eigen zu sein pflegt. Glücklicherweise aber ist
nicht bloß in seiner rationalen Natur eine moralische Anlage, welche durch den Verstand entwickelt werden kann,
sondern selbst in seiner sinnlich vernünftigen, d.h. menschlichen Natur eine *ästhetische* Tendenz dazu vorhanden,
welche durch gewisse sinnliche Gegenstände geweckt und
durch Läuterung seiner Gefühle zu diesem idealistischen
Schwung des Gemüts kultiviert werden kann. Von dieser,
ihrem Begriff und Wesen nach zwar idealistischen Anlage,
die aber auch selbst der Realist in seinem Leben deutlich
genug an den Tag legt, obgleich er sie in seinem System
nicht zugibt, werde ich gegenwärtig handeln.
[...]
Das Erhabene verschafft uns also einen Ausgang aus der
sinnlichen Welt, worin uns das Schöne gern immer gefangen halten möchte. Nicht allmählich (denn es gibt von der
Abhängigkeit keinen Übergang zur Freiheit), sondern plötzlich und durch eine Erschütterung reißt es den selbststän-
digen Geist aus dem Netze los, womit die verfeinerte
Sinnlichkeit ihn umstrickte und das umso fester bindet, je
durchsichtiger es gesponnen ist.

Friedrich Schiller: Sämtliche Werke. Fünfter Band: Erzählungen. Theoretische
Schriften. 9., durchges. Aufl./Lizenzausgabe für die Wiss. Buchgesellschaft Darmstadt 1993, S. 792–794, 799

6. Inszenierungen

Ein Brief Schillers an den Schauspieler und Theaterdirektor Iffland

Schiller hatte August Wilhelm Iffland (1759–1814) schon am Nationaltheater Mannheim kennengelernt, wo die „Räuber" 1782 uraufgeführt wurden. Inzwischen war er Direktor des Berliner Nationaltheaters geworden und bereitete dort eine
5 *Aufführung der „Maria Stuart" vor.*

Weimar den 22. Juni 1800. *Sonntag.*

Ich übersende Ihnen hier die Maria Stuart, so wie sie auf unserm Theater vor acht Tagen gespielt worden ist. Möchte sie die gute Meinung verdienen, die Sie schon zum
10 Voraus davon zu haben scheinen und wovon Sie mir in Ihrem Briefe einen so entscheidenden Beweis gegeben.

Auf hiesigem Theater hat sie die Wirkung gemacht, wie ich sie wünschte. Sollte man auf dem Berliner Theater nicht so weit gehen dürfen, als ich in der sechsten[1] Szene des fünf-
15 ten Akts gegangen bin und hier in Weimar gehen durfte, so ist mit einigen Strichen geholfen, die ich Ihnen ganz überlasse.

Es würde mir große Freude machen, zu hören, dass Mad. Fleck die Maria und Mad. Unzelmann die Elisabeth
20 gespielt. Burleigh wünschte ich in keinen andern Händen als den Ihrigen zu sehen, wenn Sie nicht etwa mehr Neigung zu Shrewsbury haben.

Noch bitte ich zu verhindern, dass das Stück durch große Zwischenakte nicht verlängert werde. Hier hat es 3 und ¹/₄
25 Stunde lang gespielt, aber wenn sich Elisabeth zwischen dem zweiten und dritten Akt ganz umkleiden wollte, so würde das Stück um 20 Minuten unnötig verlängert. Mein Wunsch ist, dass sie bloß Mantel und Kopfputz ändere. Im fünften Akt ist alles, was zu der Maria kommt, in Trauerklei-
30 dern. Burleigh und Shrewsbury sind durch das ganze Stück schwarz gekleidet.

---

[1] In dieser Textausgabe ist es die siebte mit der umstrittenen Kommunion auf der Theaterbühne.

Haben Sie die Güte, mir nur mit ein paar Worten den richtigen Empfang des Manuskripts zu melden.

Mit aufrichtiger Freundschaft

       Der Ihrige

          Schiller.

P. S. Weil mir alles daran liegt, dass Elisabeth in diesem Stück noch eine junge Frau sei, welche Ansprüche machen darf, so muss sie von einer Schauspielerin, welche Liebhaberinnen zu spielen pflegt, dargestellt werden. Hier habe ich sie der Jagemann gegeben, die sie recht gut darstellte. Maria ist in dem Stücke etwa 25 und Elisabeth höchstens 30 Jahre alt.

Dass die Rolle Melvils, so klein sie ist, in sehr guten Händen sein muss, werden Sie selbst finden. Ja, ich würde Sie selbst bitten, solche zu übernehmen, wenn sich kein anderer Schauspieler mit der gehörigen Würde dazu fände.

Schillers Werke. Nationalausgabe. 30. Band. Briefwechsel. Schillers Briefe 1.11.1798–31.12.1800. Hrsg. von Lieselotte Blumenthal. Weimar: Böhlau 1961, S. 163f.

Bilder einer Inszenierung von Peter Lüdi am Theater Baden-Baden aus dem Jahr 2000

Szenenfotos von A. Bachinger aus der Inszenierung von Peter Lüdi am Theater Baden-Baden. Ausstattung: Kiki de Kock mit Eva Derleder (Elisabeth); Manuela Rauberg (Stuart) und Ralf Lehm (Graf von Leicester)

Zwei Rezensionen einer Inszenierung am Wiener Burgtheater 2001

Gerhard Jörder: Aneinander vorbei, voneinander weg

Pathos ohne Passion — Andrea Breth inszeniert am Wiener Burgtheater Schillers Trauerspiel „Maria Stuart"

Lange sah es so aus, als ob das Pathos nie auf unsere Bühnen zurückkehren würde. Dort, wo es seine Wurzeln, seine Heimat hatte, war es nicht mehr zugelassen. Ein Vertriebenenschicksal, ein Opfer der Geschichte. Und niemand weinte ihm eine Träne nach. Mochte es sich auf den Podien der Politik, auf Kanzeln oder Kathedern[1] längst wieder einnisten — aus dem Schauspiel blieb es verbannt. Nichts schien, nach allen historischen Erfahrungen mit einer grausam pervertierten idealistischen Rhetorik, so nachhaltig diskreditiert, nichts war der nachwachsenden skeptischen Theatergeneration von Grund auf so verdächtig. Es gab kein richtiges, nur noch falsches Pathos. Hoher Ton war immer hohler Ton. Also tabu: O Freunde, nicht diese Töne ...

Ausgerechnet Schiller. Kaum einer aus dem Parnass[2] der gelben *Reclam*-Hefte hatte unter dem Bühnenpathosverbot so zu leiden wie er. Entweder wurde er gar nicht gespielt — oder gnadenlos unterspielt. Karikiert, konterkariert[3], kurz und klein gemacht. Play Schiller. So sollte er uns nahegebracht werden — und blieb uns umso fremder.

Jedes Tabu ist umstößlich — und jetzt, da plötzlich im Theater das Pathos wieder ins Gespräch kommt und auch jüngere Regisseure, des Demontierens und Dekonstruierens müde, nach Fernerliegendem Ausschau halten, könnte, wer weiß, selbst der große Weimarer Pathetiker uns wieder näher rücken. Wiedergutmachungsansätze hat es zuletzt schon manche gegeben — doch allen war anzuspü-

---

[1] Lehrpulten
[2] Gebirge in Griechenland, auf dem sich Apollo und die Göttinnen der Künste, die Musen, aufhielten
[3] durchkreuzt

ren, wie schwer wir Heutigen uns mit diesem Autor tun. Auch vom jüngsten Versuch am Wiener Burgtheater – Andrea Breth hat *Maria Stuart* inszeniert – ist Zwiespältiges zu berichten.

Nun ist Andrea Breth gewiss eine der wenigen, die noch nie Angst hatten vorm hohen Ton. Zu ihrer Ehrfurcht vor den Klassikern hat sie sich immer bekannt. Insoweit bestätigt die Aufführung, was von dieser großen Regisseurin zu erwarten war: In Wien wird mit Schiller kein Schmu gemacht. Der Autor wird ernst und beim Wort genommen, die Geschichte texttreu, wenn auch nicht ungekürzt erzählt, wird weder zerstückt noch aufgebrochen noch besserwisserisch aktualisiert. Da zudem eine Phalanx[1] prominenter Schauspieler auf der Bühne steht, ist der Erfolg programmiert: Nach dreieinhalb Stunden feiert das Publikum der Burg lautstark sein Ensemble.

Und trotzdem: Eine große Aufführung ist es nicht geworden. Merkwürdig blutleer, kühl und kunstfertig wirkt vieles an diesem langen Abend. Es braust nicht, es pulst nicht – die schillerschen Leidenschaften wollen nicht glühen. Der Abstand bleibt groß – in ariosem[2] Zeremoniell, in musealer Schönheit rollen die Verse hinan und hinab. So belegt auch diese Inszenierung das doppelte Dilemma eines zeitgenössischen Umgangs mit Schiller.

Wer Schiller spielt, muss nicht nur der Sprache vertrauen (das tut die Breth), er müsste, soll deren Pathos nicht leer laufen, auch den Menschen vertrauen, müsste, schlicht gesagt, an das Gute, das Bessere in ihnen glauben können: Das tut sie offenkundig nicht. (Und wer unter uns Skeptikern dürfte ihr das vorhalten?) Wer Breths Theaterarbeit über die Jahre verfolgt hat, konnte die sukzessive[3] Verfinsterung ihres Welt- und Menschenbildes, ihren wachsenden Fatalismus[4] erahnen. So hat sie, in extrem eigenwilligen Deutungen, Goethe, Kleist, Tschechow eingedunkelt, bei Schiller jedoch muss dieses Verfahren scheitern. Schillers

---

[1] Reihe
[2] wohlklingendem
[3] allmähliche
[4] Schicksalsglauben

Szenenfoto: Elisabeth Orth als Elisabeth, Corinna Kirchhoff als Maria und Martin Schwab als Graf Shrewsbury in der Inszenierung des Burgtheaters Wien, 2001

Figuren brauchen Fallhöhen. Sie müssen sich selbst – und uns – Illusionen machen dürfen. Doch das lässt Andrea Breth nicht zu.
Schon die befremdliche Besetzung der beiden Hauptrollen, der enorme Altersunterschied der Königinnen (Schiller stellte sich bekanntlich die Stuart als eine 25-, Elisabeth als eine 30-Jährige vor) programmiert die erotische Desillusion. Dass hier, im Clinch der Kronen, nicht nur katholische Sinnenlust und anglikanischer Puritanismus, sondern auch zwei „Huren" (Goethe) respektive „keifende Fischweiber" (Brecht) um Männergunst und physische Vorherrschaft rivalisieren, darf man getrost vergessen. Corinna Kirchhoff, die Jüngere, ist eine nervös verpresste Stuart, herb um den Mund, bleich eher als weich, zwanghaft fährt sie sich durchs Haar, schlenkert ein Bein, von aller Weiblichkeit ist nur noch bitterer Trotz geblieben. Elisabeth Orth hingegen, larvenhaft geschminkt, hochtoupiert, in Prachtrobe und riesiger Fächerkrause eingesargt, ist eine eiserne Lady der Macht. Dass Graf Leicester, bei Michael König ein mürber Lebemann, ihr liebliche „Jugendkraft" anschmeicheln will, ist nur noch bizarr. Weit glaubhafter wirkt ihre Vereinsamung, ihr Überdruss an der politischen Fron – da findet die Schauspielerin eindringliche Momente. Zwischen dieser Maria und dieser Elisabeth kann es zur viel zitierten „schwesterlichen" Nähe gar nicht erst kommen. Das Damendoppel bleibt ein Fernduell und folgerichtig wird die Begegnung im Park von Fotheringhay ein manieriertes Aneinandervorbei und Voneinanderweg. Der Höhepunkt des Dramas – vertan. Die Explosion der Gefühle – ein reiner Kunstvorgang.
Nicht minder geheimnisarm die Männerwelt: Nicholas Ofczareks Mortimer ist kein Schwärmer und Träumer, sondern offenkundig ein Neurotiker, Gerd Böckmanns Burleigh ein routinierter Zyniker, Martin Schwabs Shrewsbury ein greiser Trottel. Allen fehlt das schillersche Surplus[1] – Furor[2], Würde, Weisheit. Nie sind sie mehr, als wir von ihnen halten. Und kalte Ödnis herrscht auch auf

---

[1] Überschuss
[2] Wut

Annette Murschetz' Bühne. Düstere Wände, dürre Grashügel, alles grau in schwarz. Hoffnungen blühen hier nicht. Schillers heftige Passionen auch nicht.

DIE ZEIT Nr. 45 vom 31.10.2001

Ulrich Weinzierl: Es lebe die Königin

„Maria Stuart" triumphal an der Burg: Andrea Breth verhilft einem Klassiker zu heutigem Recht.

Wien – Am Anfang schon scheint sie am Ende. Ihr herber Charme ist längst verhärmt, aus schmalen Lippen bellt der Blankvers. Sie hält's mit Hamlet: Nur reden will sie Dolche, keine brauchen. Geschnitten sind die Haare, als schreite sie auf Stufen zum Schafott. Die Mähne wird – nicht königlich – in Hysterie geschüttelt. Schön dann der Abgang in den Tod, den sie, ganz Demut und ganz Würde, katholisch zelebriert.
Diese Maria Stuart ist eben etwas anders: keine Majestät im Kerker, eher eine verbitterte Jungfrau von Orleans. Auch das hat Kraft und Reiz, doch beglückt es bloß bedingt. Wer würde Corinna Kirchhoff Gattenmord zutrauen, wer die Geliebten? Wenn sie mit ihrem Bildnis Mortimers Geschlecht berührt, ist's weniger Verführungskunst als Verzweiflungsakt. Sie hat wohl Grund genug dazu. Der Mortimer des Nicholas Ofczarek ist nämlich, statt getreuer Helfer, zum Fürchten – schwer meschugge, wie dem expressionistischen Kino entsprungen, ein ins Untherapierbare verrutschter schillerscher Jüngling. Bei Freunden seiner Art sind Feinde überflüssig.
Dahinter steckt das Regiekonzept. Andrea Breth präsentiert an der Wiener „Burg" eine ziemlich üble Männermischung. Selbst der edle Ritter Paulet, Marias Wächter, wird in Johannes Ternes Gestalt zum Finsterling. Der Burleigh Gerd Böckmanns: ein souverän intriganter Hofschranze mit netten Ticks und leichter Gedächtnisschwäche. An Stelle Mortimers lässt er Leicester „sehr gelegen" sterben.

Warum stört solch Fehltritt bei geflügelten Worten kaum? Weil hier einem buchstäblich vollendeten Klassiker zu heutigem Recht verholfen wird. Der lebt in der Sprache, mit der Sprache. Ein einziger Satz des Trauerspiels wirkt befremdlich, bis zu unfreiwilliger Komik veraltet: „Sogar des Spiegels kleine Notdurft mangelt." Naturgemäß wurde er gestrichen. Was dürfte man in unsern Tagen nicht alles an vermeintlicher Aktualität aus dem Text herauslesen – mit seiner „Todespost", mit „des frommen Wahnsinns fürchterlichen Waffen"? Nichts davon verführt die Breth auf Abwege. Gottlob vertraut sie völlig der Psychologie des Dichters, seiner mitreißenden Rhetorik und seinem poetischen Genie, Welten zu schaffen, Schicksale zu gestalten, Machtzusammenhänge offenzulegen.

Ihr Vertrauen wird belohnt. Trotz historischer Kostüme sind die Figuren nie in museale Ferne gerückt, bleiben stets in nachbarlicher Nähe. Überzeugend Annette Murschetz' in den Saal ragende Bühne, die Marias Verlies in Fotheringhay samt Schlosspark und die Residenz von Westminster miteinander verschränkt. Optische Signale genügen als Anstoß zu Bildern der Fantasie. Überhaupt regiert allerorten Sparsamkeit – der Zeichen, der Symbole, der Gesten und Laute.

Ein Schrei im Finstern eröffnet den Abend. Hanna Kennedy hat ihn ausgestoßen, Marias Amme alias Gertraud Jesserer, die empört möpserne Miene zum tragischen Spiel macht: Die Schergen zertrümmern Marias Schrank auf der Suche nach Belastendem, zeigen so ihrer hohen Gefangenen gleich brutal den Herrn. Viel besser ergeht es aber auch der Rivalin nicht. Respektlos schleift der Günstling Leicester den Pagen, der ihm den Zutritt zu seiner königlichen Gönnerin verwehren soll, am Schlafittchen durch den Raum. Und im Finale wird „Gloriana" von ihren Peers geradezu ignoriert – niemanden kümmern ihre Drohungen mit dem Tower, mit Verbannung.

Das berühmte Verbalduell im dritten Aufzug (ein moralisches Eins zu Null für Schottland) klingt vergleichsweise kultiviert – immerhin erinnerten die beiden erlauchten Damen Goethe an Huren und Brecht an keifende Fischweiber. Indes bleiben auch die opernhaften Möglichkeiten des Hassduetts fast ungenützt. Eine Dosis Donizetti hätte da nicht geschadet.

Den Erfolg der Premiere vermag das freilich nicht zu mindern. Denn dieser Triumph hat einen Namen: Elisabeth

Orth ist Elisabeth, Königin von England, in Wien des Dramas eigentliche Heldin. Mit Fug und Recht betritt sie an der Spitze eines zauberischen allegorischen Festzugs die Szene. Was für eine Schauspielerin! Unerschrocken gibt die Orth ihrer Rolle alles – das Kokette, das Peinliche, das Spielerische, das Frivole und Gemeine. Mit welch bezwingend natürlicher Musikalität bringt sie, ohne Scham sich selbst entblößend, Schillers Verse zum Tönen! Nein, das ist keine jungfräuliche Königin, sondern eine alternde Frau, die – auch sexuell – geliebt und gelitten hat. Eingezwängt ins Korsett ihres Standes, ihrer Neurosen, bewahrt sie sich die Freiheit der Ironie, des sich nicht Ernstnehmens. Es nützt nichts.

Am Schluss, nachdem sich der fiese Lord ihres Herzens zu Schiff Richtung Frankreich empfohlen hat, kann sie, wie Wilhelm Buschs fromme Helene, nur mehr wankend zur Flasche greifen. Wer Sorgen hat, hat auch Likör.

DIE WELT vom 29.10.2001

7. Tipps und Techniken zur Interpretation einer Dramenszene

Inhalt, Sprache und Intention eines ganzen Dramas zu verstehen, setzt eine sorgfältige Beschäftigung mit einzelnen Szenen voraus. Die dabei zu gewinnenden Erkenntnisse ermöglichen gleichzeitig Einblicke in größere Zusammenhänge. Zur Analyse einer Szene gehört es deshalb, diese einzuordnen, zu beschreiben und zu deuten sowie Einsichten und Folgerungen für das Drama insgesamt zu entwickeln. Werden die Ergebnisse der Analyse in einem Aufsatz formuliert, sollte dieser übersichtlich aufgebaut sein.

Markieren und Notieren

- Sorgfältiges **Lesen**
- **Markieren** von inhaltlichen Einschnitten, Kernaussagen, beziehungsvollen Andeutungen, sprachlichen Besonderheiten, insbesondere Bildern und anderen rhetorischen Mitteln (vgl. das folgende Kapitel im Anhang) mit unterschiedlichen Farben oder Symbolen (Unterstreichen mit geraden, gewellten, gestrichelten oder gepunkteten Linien; Striche, Pfeile, Bögen, Fragezeichen, Blitze am Rand)
- **Notieren** von Zusammenfassungen in eigenen Worten, Erläuterungen, Bezügen, Deutungsaspekten (z.B. Charaktermerkmalen) oder Sprechhaltungen (z.B. gelassen, wütend, enttäuscht, ironisch) am Rand oder auf einem Konzeptblatt

Ordnen und Gliedern

Aus den Einzelbeobachtungen ergibt sich eine Vorstellung, wie diese aufeinander zu beziehen und miteinander zu verbinden sind. Daneben ist es sinnvoll, die Analyse vom Inhalt der zugrunde liegenden Szene aus schrittweise aufzubauen und sich nacheinander mit Gesichtspunkten zu befassen, die das Verständnis zunehmend erweitern und vertiefen. So entsteht eine Reihenfolge als Orientierungshilfe:

- **Einleitung** mit Titel, Verfasser, genauer Gattungsbezeichnung, Entstehungszeit, Thema, kurzer Inhaltsangabe des Dramas, Ort und Zeit der Handlung sowie den Hauptpersonen

- **Einordnung** der Szene in das inhaltliche Gefüge des Dramas (Was führt zu der Szene hin? Was folgt aus ihr?)
- **Zusammenfassung, Erläuterung, -Aufbau** der Szene
- Untersuchung von **Sprache und Dramentechnik** (Szene als Steigerung oder Kontrast? offene oder geschlossene Form?)
- **Deutung** als Folgerungen aus der inhaltlichen und sprachlichen Erschließung der Szene
- **Auswirkungen** auf den weiteren Handlungsverlauf, die Entwicklung der Personen oder ihre Entscheidungen
- **Verbindung** mit anderen Szenen
- **Beurteilung** von Verhaltensweisen oder Einstellungen der in der Szene auftretenden Personen
- **Schluss:** Gegenwarts- und Aktualitätsbezug; persönliche Einschätzung

Unterschiedliche Ordnungs- und Gliederungsmöglichkeiten

- **Linearanalyse:** Sie bearbeitet die Abschnitte, wie sie in der Szene nacheinander folgen, gliedert also nach deren Verlauf.
- **Aspektgeleitete Analyse:** Sie untersucht die wesentlichen Gesichtspunkte, die eine Szene prägen, und ordnet diesen die Einzelheiten zu.
- **Trennung** von inhaltlicher und sprachlicher Analyse: An die Ausführungen zum Inhalt von Äußerungen und Handlungen schließen sich Erläuterungen zu Sprache und Form in einem eigenen Teil an.
- **Integration** von inhaltlicher und sprachlicher Analyse: Die Botschaft, die von einer Äußerung ausgeht, besteht nicht nur aus ihrem Inhalt. Die Art und Weise, wie dieser mitgeteilt und sprachlich gestaltet wird, die begleitenden Gesten und die Beziehung der Dialogpartner zueinander formen sie entscheidend mit (z.B. weisen rhetorische Fragen oft mit Nachdruck auf etwas hin oder Enjambements zeigen innere Zerrissenheit). Deshalb erklärt diese Art der Analyse beides in enger wechselseitiger Beziehung.
- **Verbindung** verschiedener Gliederungskonzepte: Um Zusammengehörendes an einer Stelle des Aufsatzes zu

versammeln und einer schlüssigen gedanklichen Linie zu folgen, ist es oft angebracht, unterschiedliche Gliederungsformen zu mischen. Die Analyse bekommt eine persönliche Note, wenn ein Ordnungsprinzip nicht mechanisch und kleinlich eingehalten, sondern flexibel genutzt wird.

Begründen, Ergänzen und Überprüfen

Mit dem Ordnungsmuster vor Augen sollten die Szene und ihr Stellenwert im Drama noch einmal eingehend betrachtet werden:

- Wie lassen sich bereits vorhandene Erkenntnisse – noch besser – begründen?
- Welche weiteren Überlegungen oder gedankliche Bögen ergeben sich?
- Sind die ersten Markierungen und Notizen haltbar?

In diesem Stadium ist es außerdem wichtig, auf ein ausgewogenes Verhältnis zwischen der Arbeit an Details einzelner Äußerungen oder Szenenanweisungen und übergeordneten Deutungsschwerpunkten zu achten. Sie müssen so zusammenwirken, dass sie das gegenseitige Verständnis fördern (hermeneutischer Zirkel).

Zitieren

- Belegen Sie Kernaussagen oder weitreichende Folgerungen mit kurzen Zitaten.
- Zitieren Sie genau und bauen Sie wortwörtliche Belege korrekt in Ihren Satz ein.
- Wechseln Sie zwischen direkten und indirekten Zitaten ab.
- Geben sie die Fundstellen der Zitate an (Vers oder Seite + Zeile)

Wortschatz und äußere Form

- Vermeiden Sie die Alltagssprache.
- Verwenden Sie die sprachlichen und literarischen Fachausdrücke (Wortarten, Satzglieder, rhetorische Figuren, Vers- und Reimformen, Gattungsbezeichnungen).
- Verdeutlichen Sie gedankliche Einschnitte durch Absätze.
- Formulieren Sie nach Möglichkeit Überleitungen.

8. Rhetorische Figuren

Figur	Erklärung	Beispiel
Akkumulation	Wörter, die zu einem Oberbegriff gehören, werden aneinandergereiht.	Erwarte, zögre, säume (V. 3101)
Allegorie	Ein Bild veranschaulicht einen Begriff oder eine Bild- oder Handlungsfolge einen abstrakten Zusammenhang.	Schauspiel über „die keusche Festung/Der Schönheit, wie sie vom Verlangen/Berennt wird" (V. 1080–85)
Alliteration	Zwei oder mehrere Wörter in unmittelbarer Nähe beginnen mit demselben betonten Anlaut.	Licht und Leben (V. 569) Warum aus meinem süßen Wahn mich wekken? (V. 2090)
Anapher	Mehrere Verse, Satzteile oder Sätze fangen mit demselben Wort oder derselben Wortgruppe an.	Sie brauche die Gewalt, sie töte mich/Sie bringe ihrer Sicherheit das Opfer. (V. 962f.)
Antithese	Gegensätzliche Begriffe oder Gedanken werden verbunden.	Ich bin die Schwache, sie die Mächt'ge (V. 961)
Chiasmus	Zwei Wörter oder Satzglieder vertauschen ihre Stellung im Satz.	Ihr Leben ist dein Tod! Ihr Tod dein Leben/ (V. 1294)
Enjambement	Satz- und Versstruktur stimmen nicht überein.	Vom Schlummer jagt die Furcht mich auf, ich gehe/ Nachts um, wie ein gequälter Geist, erprobe/Des Schlosses Riegel und der Wächter Treu (V. 133–135)

Ellipse	Der Satz ist nicht vollständig.	Gott! Welche Sprache, Sir, und – welche Blicke! (V. 2534)
Epipher	Mehrere Verse, Satzteile oder Sätze hören mit demselben Wort oder derselben Wortgruppe auf.	Sir Mortimer, Ihr überrascht mich nicht,/ Erschreckt mich nicht. (V. 585f.)
Hendiadyoin	Zwei gleichwertige Wörter drücken einen Begriff aus.	durch Feld und Hain (V. 2135)
Hyperbel	Übertreibung	Ich will dich retten, kost' es tausend Leben (V. 2546)
Inversion	Die übliche Wortfolge wird verändert.	Als mir der Säulen Pracht und Siegesbogen/Entgegenstieg (V. 426f.)
Klimax	Eine Reihe von Wörtern oder Sätzen bringt eine Steigerung zum Ausdruck.	O ratet mir! Helft mir!/ Reißt mich aus dieser Höllenangst des Zweifels. (V. 3336f.)
Metapher	Ein Wort wird aus seinem Bedeutungszusammenhang in einen anderen übertragen.	– ich suche/In diesem Schiffbruch meines Glücks ein Brett/Zu fassen (V. 1805–07)
Neologismus	Ein Wort wird neu gebildet.	Dem Mutvollstärksten (V. 1371)
Parallelismus	In aufeinanderfolgenden Sätzen sind die Satzglieder in gleicher Weise angeordnet.	Was ist der Mensch! Was ist das Glück der Erde! (V. 1528)
Paradoxon	Eine scheinbar widersinnige Aussage erweist sich als sinnvoll.	Ich weiß nunmehr, dass Euer gutes Recht/An England Euer ganzes Unrecht ist (V. 530f.)

Parenthese	Ein selbstständiger, von Gedankenstrichen, Klammern oder Kommas begrenzter Satz wird in einen anderen eingefügt.	Ja, ich gesteh es unverhohlen,/Wenn es sein muss – wenn ich's nicht ändern kann,/Dem Dringen meines Volkes nachzugeben –/Und es wird stärker sein als ich, befürcht ich –/So kenn ich in Europa keinen Fürsten,/Dem ich mein höchstes Kleinod, meine Freiheit,/Mit minderm Widerwillen opfern würde. (V. 1197–1203)
Personifizierung	Pflanzen, Tieren, Dingen oder abstrakten Begriffen werden menschliche Eigenschaften zugeschrieben.	Frisch blutend steigt die längst vergebne Schuld/Aus ihrem leicht bedeckten Grab empor! (V. 286f.)
Rhetorische Frage	Eine Scheinfrage zielt nicht auf eine Antwort, sondern betont eine Aussage mit Nachdruck.	Denn geht Ihr nicht aus allen Leidensproben/Als eine Königin hervor? Raubt Euch/Des Kerkers Schmach von Eurem Schönheitsglanze? (V. 565–567)
Satzreihe	Zwei oder mehrere gleichwertige Sätze sind miteinander verknüpft.	Sie hegte solche Träume,/Die hier lebendig eingemauert lebt,/Zu der kein Schall des Trostes, keine Stimme/Der Freundschaft aus der lieben Heimat dringt,/Die längst kein Menschenangesicht mehr schaute,/Als ihrer Kerkermeister finstre Stirn,/Die erst seit

		kurzem einen neuen Wächter/Erhielt in Eurem rauen Anverwandten (V. 117–124)
Symbol	Ein konkreter Gegenstand verweist auf einen allgemeinen Sinnzusammenhang.	Und wie mein Ahnherr Richmond die zwei Rosen/Zusammenband nach blut'gem Streit (V. 836f.)
Synästhesie	Unterschiedliche Sinneswahrnehmungen werden vermischt.	laute Tränen (Szenenanweisung zu Beginn des 4. Auftritts im 5. Aufzug)
Synekdoche	Ein engerer Begriff desselben Bedeutungsfeldes ersetzt den weiteren.	In meinem Haupt ist mein Monarch verletzt (V. 2681)
Vergleich	Zwei Vorstellungen aus unterschiedlichen Bedeutungszusammenhängen werden ausdrücklich – durch „wie", „als ob" – zueinander in Beziehung gesetzt.	Mich selbst/Hast du umstrahlt wie eine Lichterscheinung (V. 2038f.)
Wiederholung	Dasselbe Wort oder derselbe Gedanke erscheint zweimal oder mehrfach hintereinander.	Du selbst musst richten, du allein. (V. 1340)

Bildnachweis

|akg-images GmbH, Berlin: 149, 157, 160, 162, 172, 188; Erich Lessing 166. |alamy images, Abingdon/Oxfordshire: Angelo Hornak 174. |Bachinger, Adi, Karlsruhe: Szenenfoto von A. Bachinger aus der Inszenierung von Peter Lüdi am Theater Baden-Baden – Ausstattung: Kiki de Kock – mit Eva Derleder (Elisabeth), Manuela Romberg (Stuart) und Ralf Lehm (Graf von Leicester) 192, 192. |bpk-Bildagentur, Berlin: 155, 178. |Picture-Alliance GmbH, Frankfurt/M.: AP/Trierenberg, Stephan 195.

Wir arbeiten sehr sorgfältig daran, für alle verwendeten Abbildungen die Rechteinhaberinnen und Rechteinhaber zu ermitteln. Sollte uns dies im Einzelfall nicht vollständig gelungen sein, werden berechtigte Ansprüche selbstverständlich im Rahmen der üblichen Vereinbarungen abgegolten.